ELECTRIC BICYCLE

现代电动自行车
维修技术

郭红利 编著

四川科学技术出版社

图书在版编目（CIP）数据

现代电动自行车维修技术 / 郭红利编著. -- 成都：四川科学技术出版社, 2019.4（2023.4重印）

ISBN 978-7-5364-9433-6

Ⅰ.①现… Ⅱ.①郭… Ⅲ.①电动自行车—维修—职业培训—教材 Ⅳ.①U484.07

中国版本图书馆CIP数据核字(2019)第067610号

现代电动自行车维修技术
XIANDAI DIANDONG ZIXINGCHE WEIXIU JISHU

出 品 人　程佳月

编　　著　郭红利

责任编辑　谢　伟

封面设计　艺和天下

责任出版　欧晓春

出版发行　四川科学技术出版社

　　　　　成都市锦江区三色路 238 号　邮政编码 610023

　　　　　官方微博：http://weibo.com/sckjcbs

　　　　　官方微信公众号：sckjcbs

　　　　　传真：028 - 86361756

成品尺寸　170mm×240mm

　　　　　印张15　　　字数 270千

印　　刷　大厂回族自治县益利印刷有限公司

版　　次　2019年5月第1版

印　　次　2023年4月第2次印刷

定　　价　26.80 元

ISBN 978-7-5364-9433-6

■　邮购：成都市锦江区三色路 238 号新华之星A座25层

　　邮政编码 / 610023

　　电话 /（028）86361770

内 容 提 要

本书全面系统地介绍了电动自行车的结构原理，重点介绍了电动自行车使用维护、维修及故障诊断与排除的经验。全书共分七章，内容包括：电动自行车的基础知识，电动自行车故障判别，电动机结构原理与维修，控制器的结构、原理与故障维修，电动自行车蓄电池的故障维修，电动自行车充电器的故障维修，电气仪表结构原理与维修。本书内容丰富、图文并茂、通俗易懂，具有较强的实用性和可操作性。

本书适合广大电动自行车用户、维修技术人员及相关人员阅读，也可作为相关职业培训学校的培训教材和新农村农民职业培训用书。

前　言

　　电动自行车作为一种新型、绿色、环保、节能的交通工具，在我国保有量已接近2亿辆，相关维修网点也已经遍布全国城乡。为帮助广大电动自行车维修人员快速入门和提升维修技能，编著者组织了长期工作在电动自行车维修和教学一线的专家编写了本书。

　　电动自行车维修技能是一项专项、专业、基础、实用技能。该项技能的岗位需求非常广泛。随着技术的飞速发展以及市场竞争的日益加剧，越来越多的人认识到实用技能的重要性，电动自行车维修的学习和培训也逐渐从知识层面延伸到技能层面，学习者更加注重电动自行车维修技能的实用性和时效性。

　　本书针对行业特色，以市场需求为导向，以直接指导就业作为目标，注重实用性和知识性的融合，将学习技能作为本书的核心思想。编著者在编写时，根据电动自行车维修的技术特点和维修技术人员的实际需求，首先展现电动自行车的结构特点、故障特性、故障分析等一系列维修过程中的实际问题，结合实际维修经验，提供维修思路；并依据实际案例，通过对电动自行车的拆解、检测等一系列操作演示，最终使读者能够建立规范的维修思路，并能够针对不同的故障，独立完成对故障的诊断和维修。

　　本书的知识内容完全为技能服务，知识内容以实用为主。全书突出操作，强化训练，让学习者阅读本书时不是在单纯地学习内容，而是在练习技能。

　　本书在编写过程中，参阅了大量的专业书籍和资料，在此对相关作者表示诚挚的感谢。因编写时间紧，加之编著者水平有限，难免有疏漏之处，敬请广大读者在阅读和使用中多提宝贵意见，以便进一步丰富和完善。

编著者

2019年3月

目 录

CONTENTS

第一章　电动自行车的基础知识

第一节　电动自行车概述

一、什么是电动自行车

　　电动自行车是以蓄电池作为辅助能源，具有两个车轮，能实现人力骑行、电动或电助动力的特种自行车。以动力电池为能源、依靠电动机拖动是电动自行车与普通自行车的本质区别。如图1-1所示为几款常见的电动自行车。

图1-1　电动自行车

电动自行车是一种新型节能、绿色环保的交通工具。它以蓄电池为动力来源，通过控制器、转把使电动机旋转，驱动电动自行车的车轮转动，进而达到行驶目的。电动自行车的总质量按国家标准要求应小于40 kg，保留了自行车原样及轻便、灵活、安全等特点，具有零排放、低噪声、低能耗、安全易骑等优点。

电动自行车既保证了一定的车速，也保证了行车安全。目前，大多电动自行车一次充电行驶距离是50 km左右，因此电动自行车的适用人群广泛。据业内专家预测，电动自行车是自行车和摩托车的换代产品，有着良好的市场前景。

电动自行车是综合机械、电子、电动机、电化学、微电脑控制等多学科的系统技术，科学合理配合形成的一项高科技产品。

随着科技的发展，电动自行车以其优越的性能、过硬的质量、多样化的外形，在我国掀起了一股热潮，越来越受到人们的欢迎。

电动自行车具有以下六个无可替代的特点：

（1）采用高能蓄电池、电动机驱动，维护方便。

（2）无废气排放，无机油、冷却剂等污染物。

（3）减速停车时，驱动能量"再生"，转化为电能并可存入蓄电池中。

（4）宁静行驶，无噪声。

（5）耗能成本低，节能环保。

（6）除了定期更换蓄电池外，不需要更多、更复杂的保养，其使用寿命比常规燃油车长。

2018年5月15日，根据国家标准管理程序，工业和信息化部组织修订的《电动自行车安全技术规范》强制性国家标准（以下简称《技术规范》），由国家市场监督管理总局、国家标准化管理委员会《中华人民共和国国家标准公告（2018年第7号）》批准发布，自2019年4月15日正式实施。

《技术规范》紧扣强制性标准"保基本、兜底线"的根本定位，以引领我国电动自行车行业高质量发展为目标，以确保消费者的生命财产安全、确保所有道路交通参与方的共同利益最大化、确保广大消费者基本的出行需求和坚持电动自行车的非机动车属性为原则，增加了防篡改、防火性能、阻燃性能、充电器保护等技术要求，规定电动自行车须具有脚踏骑行能力、最高设计车速不超过25 km/h、整车质量（含电池）不超过55 kg、电动机功率不超过400 W、蓄电池标称电压不超过48 V。

《技术规范》将于2019年4月15日起正式实施，2018年5月15日至2019年4月14日为过渡期。在过渡期内，鼓励生产企业按照《技术规范》组织生产，鼓励销售企业销售符合《技术规范》的产品，鼓励消费者购买符合《技术规范》的产品。《技术规范》正式实施后，不符合《技术规范》的产品，不得生产、销售、进口。

二、电动自行车的发展史

1. 电动自行车技术的发展过程

据介绍，电动自行车是从20世纪70年代开始研制的，但当时的电动自行车仅仅是自行车、电动机、蓄电池简单叠加的"电瓶车"，受到电动机、蓄电池性能的限制，难以满足人们出行的基本要求而被淘汰。

随着直流电动机和蓄电池制造技术的进步及工艺的改善，特别是磁学性能优良的稀土材料在直流电动机上的广泛应用，使得直流电动机的性能大幅提高，加上普通铅酸蓄电池经特殊处理及优化配方，电池的体积进一步缩小，质量也有所减轻，并且可以全密封免维护，反复充放电达400余次。由此，20世纪90年代真正意义上的电动自行车被推向市场，实现了商品化生产。

早期的电动自行车使用的普通铅酸蓄电池的内部就是铅和稀硫酸，长时间停用后蓄电池内部的电极会迅速钝化，这就要求使用者即使在停用时也要对其进行定期充、放电保养；同时蓄电池上盖也不能密封，要求使用者定期加入电解液维护保养，极其麻烦。新型铅酸蓄电池在电极表面增加了新型稀土材料，大大改善了它的活性，在相同的体积下可存储更多的电能，同时稀硫酸也逐渐被一种含酸性物质的海绵状胶体所代替，实现了蓄电池的全密封免维护，使用极为方便。

当今的微电子技术的发展，才使今天的电动自行车控制环节具有了真实的意义。电动自行车控制器主要有3种功能：首先是为保护蓄电池而设置的功能，如欠压保护、最大电流限制、软启动等；其次是启动和调节器功能；最后是显示功能，主要包括电量提示、速度显示等。

电动自行车的另一个关键部件就是充电器，目前大多数厂家采用了智能型充电器，只需为蓄电池接通电源，充满电后它就会自动断电，就像给手机充电一样简单。

在电动自行车的两项关键部件——轮毂式直流电动机和新型铅酸蓄电池的技术水平上，我国基本上实现了和世界发展同步。另外，我国是稀土资源的主要拥有国和出口国。目前电动自行车生产厂家只要选择高质量的电动机和蓄电池，就都可以有所保障。电动自行车性能质量的差异主要体现在控制系统。但是消费者只要选择有一定品牌信誉、生产规模的专业厂家生产的电动自行车，就完全不必为电动自行车的性能而忧虑。

早期的电动自行车一般使用高速有齿电动机配合汽车用启动型蓄电池，调速装置采用能耗型（电阻降压）。由于调速装置的效率太低，没有相应的保护电路，使得电动机、调速装置、蓄电池之间的配合没有达到最佳状态。因此，这种形式的电动自行车已经被淘汰。

2003年以后，电动自行车技术得到了飞速发展，用无刷电动机驱动的电动自行车逐渐代替了故障率居高不下的有刷电动自行车。无刷电动机的可靠性极高，使用寿命大大延长，与之相配的无刷控制器技术也得到了快速提升。在无刷控制器中融入了多段限流软启动技术、速度开环、闭环控制、堵转保护、ABS柔性电子刹车技术和电动机发电反充电技术，使得电动自行车的机械性能和电气性能全面加强。

值得一提的是蓄电池充电技术水平也在不断提高。早期的工频变压器加上二极管充电器没有充电电流、电压的控制，使得蓄电池严重过充或欠充，蓄电池的使用寿命极短。后来研制出了恒压、限流两阶段充电器，虽然达到了充足电的要求，但其效率较低，充电时间较长。现在普遍使用的智能三段式充电器，基本遵循了蓄电池的最佳充电曲线（麦斯曲线）。在此基础上结合单片机技术，正脉冲充电、修复和负脉冲去极化技术，数字化温度检测控制技术，蓄电池充电量管理技术，蓄电池组平衡充电技术，在充电的各个阶段施以最佳的电流、电压、频率和温度等控制，使得蓄电池的充电时间更短，充电效率更高，寿命更长。

未来的电动自行车应该是以无位置传感器（霍尔元件）的三相无刷电动机为主流的。由于省去了位置传感器，从而使得电动机的结构更简单、可靠；电动机只有3条绕组线，维护更简单；与之相配的无刷控制器技术含量更高，更换无刷控制器将变得异常简单。

未来的电动自行车蓄电池将会朝着多元化发展，如镍氢蓄电池、锂蓄电池、燃料蓄电池、超级电容器蓄电池等。

2. 国外电动自行车的发展史

欧、美国家是生产电动自行车较早的国家，如德国、英国、奥地利、美国等。

日本是世界上电动自行车发展较早的国家之一。1994年，雅马哈首先推出"PAS"电动自行车。1995年，本田公司推出了"RACOON"电动自行车。松下、三洋、小松等公司也相继推出电动自行车。1996年，日本电动自行车的销售量超过20万辆。

总体来说，电动自行车在全球的潜在市场很大，并呈上升趋势。

在欧洲、美国、日本等地区和国家，电动自行车的功能还停留在休闲和短距离代步上，是从属和备用的交通工具。而在我国，电动自行车是广大工薪阶层的日常交通工具，其使用频率非常高。

3. 国内电动自行车的发展史

我国的电动自行车的发展与世界基本同步，并有独立自主的技术。早在1958年，我国就掀起了电动自行车的开发热潮。20世纪80年代中期，我国生产销售了一批电动摩托车，但由于当时电动自行车的三大件技术还不成熟，所以很快停止了生产。

真正实用的电动自行车在20世纪90年代后期出现。由于电动自行车用阀控密封铅酸蓄电池技术取得了突破性发展，使得蓄电池可以在使用时免维护，而且不再有电解液溢出，其使用更加安全、方便。这一时期的电动自行车以高速有刷电动机为主。其控制器以PWM技术为核心，加入了刹车断电、过流保护、欠压保护等。同时，控制器的功率管不再经常烧毁。上述技术使得电动自行车的整体性能得到了很大提高。

1995年，清华大学研制出我国第一辆轻型电动自行车。此后的短短10年间，我国逐渐发展出全球最大的具有国际竞争力的电动自行车产业。特别是2004年5月1日《中华人民共和国道路交通安全法》的颁布实施，促进电动自行车产业的快速发展，并在我国形成了江苏、浙江、天津、上海四大电动自行车产业基地。据了解，仅2006年，全国2 000家电动自行车企业就生产了1 920万辆电动自行车，出口300多万辆，实现产值约400亿元，利润超百亿元，就业人口达100多万。目前，我国电动自行车的产销量占全球总量的95%，已成为全球最大的电动自行车生产、消费和出口国。未来，预计电动自行车的产量将达3 000万辆，出口量达500万辆，总产值达1 000多亿元。

目前，电动汽车已研制成功并投入生产，并在各种领域中使用，如图1-2所示。

图1-2　电动汽车

作为一个朝阳产业，电动汽车具有广阔的市场潜力和发展空间。随着电动汽车核心技术的突破，我国将逐步用电动汽车代替燃油车，未来将有电动小轿车、电动公交车、电动面包车等投放市场，电动汽车的发展终将为人类居住环境的洁净做出贡献。

三、电动自行车的使用常识

电动自行车是一种新型自行车，其在使用上与普通自行车既有相同之处，也有很大的不同。

（1）电动自行车最理想的使用方法是人助车动、电助人行、人力电力联动，这样既省力又省电。

（2）具有零启动功能的电动自行车，由于静止启动时的电流较大，耗能较多，并且易损坏蓄电池，所以应在启动时先用脚踏骑行，到一定速度后再用电力加速，切忌原地加速。上坡、负重或逆风行驶时，应人力骑行相助，这样可以避免蓄电池超大电流放电，提高一次充电行驶里程，有利于延长蓄电池的寿命。

（3）给蓄电池充电必须使用随车配套的专用充电器。应将充电器放置在阴凉通风处，避免高温和潮湿；切勿让水进入充电器，防止出现触电事故。充电器在使用前应先插蓄电池盒，后接交流电，不可接反，以免损坏。充满电需6～8小时。冬天充电时应适当延长充电时间。

（4）电动自行车的加速手把有时不能完全回位，因此一定要养成加速完成后立即将手把推回原位的好习惯。

（5）刹车时，电动机的电流会立即切断。当刹把放开后，如果这时加速手把还在加速位置上，则电动机将立即得到电流前进，这样不利于安全。

（6）每次使用电动自行车前应检查下列各项：

①轮胎气压是否充足。气压充足可降低轮胎与道路的摩擦阻力。

②车把转向是否可靠，刹车是否灵活有效。要确保行车安全。

③蓄电池盒的插座、充电器插头是否有松动，蓄电池盒是否锁好，喇叭及灯光按钮是否有效。要确保电路畅通。

（7）电动自行车不适合在凹凸不平或陡峭的路面行驶，如果遇到这种路面，必须慢慢行驶或下车推行。

（8）冬天骑行时，应尽量采用脚蹬助力，这样既可使身体得到锻炼，又有利于延长蓄电池的使用寿命（因为低温会使蓄电池组的容量下降，如放电深度加大，续行里程缩短）。

（9）电动自行车虽然有良好的防雨性能，但仍需避免直接日晒和雨淋，以防止车体或转动部件的锈蚀；在雨季使用或经过水潭、积水时，水位高度不能高于轮毂轴中心线，以防止电动机进水，造成损坏。

（10）电动自行车的标准载重为80 kg，因此除去骑行者的重量外，应避免带过重的物体。载重时，应用脚踏助力。

（11）电动自行车的座位以骑行者两脚可以到地为准，以确保安全。

（12）电动自行车所用铅酸蓄电池的寿命长短与用户的日常使用、维护有很大关系。一般来说，要注意以下几点：

①蓄电池每次使用的放电深度越小（距离越短），蓄电池使用寿命就越长。因此，平时应养成随用随充的良好习惯，使蓄电池经常保持充足电状态。

②充电时间应根据里程长短有所不同，路程越长，充电时间越长，反之越短。充电时间应控制在4～12小时，不得长时间充电。

③蓄电池需长时间放置时必须先充足电量，一般每个月补充一次电。

④由于大电流放电对蓄电池有一定的损害，所以在起步、上坡、负重、顶风时应用脚蹬加以助力。

第二节　电动自行车的种类和型号编制

一、电动自行车的种类

电动自行车的种类繁多，新品不断推出。随着科技的发展，电动自行车的结构将更加合理，款式将更加新颖，品种规格将更加齐全。

电动自行车的种类有简易型电动自行车、标准型电动自行车、豪华型电动自行车和电动摩托车等。

1. 简易型电动自行车

简易型电动自行车在自行车的基础上加装了电动机、控制器、蓄电池、刹把、转把和显示仪表。其操作部件简单，功能单一，一般没有减震装置；其外形结构简单，价格较低，售价在1 000元左右，目前已基本不再生产。

简易型电动自行车的电动机电压为36 V，功率为180～250 W；蓄电池电压为36 V，容量为10～12 A·h；具有电量显示、断电刹车、无级调速等功能，续行里程为30～40 km。简易型电动自行车如图1-3所示。

图1-3　简易型电动自行车

2. 标准型电动自行车

标准型电动自行车是智能型电动自行车，由于安装有助力传感器，所以也称它为1+1助力型电动自行车。助力传感器安装在中轴上，将人力的脚踏力转化为电信号，传送给控制器，控制器再驱动车轮转动。脚踏慢，则车轮转速慢；脚踏快，则车轮转速快。助力系统能有效地延长续行里程，辅以动力，让骑行者感觉到轻松省力。

标准型电动自行车有多功能仪表盘和左、右转向灯，可以无级变速，能实现人力骑行和电动助力同时使用。其外形美观，操作简便。

标准型电动自行车的电动机电压为36 V和48 V，电动机功率一般为180～350 W。其续行里程为40～50 km，操作简便，价位适中，售价在1 500～2 000元，适合上、下班距离较长，工作、生活有一定机动性的用户使用。标准型电动自行车如图1-4所示。

图1-4 标准型电动自行车

3. 豪华型电动自行车

豪华型电动自行车又称多功能型电动自行车。此类电动自行车一般在标准型电动自行车的基础上增加了前叉避震、坐垫避震、前照灯等装置，它的特点是功能较全，外表豪华，骑行时比较舒适，使用比较方便，售价在2 300～2 500元。

豪华型电动自行车的电动机电压可以采用36 V、48 V或60 V，功率为350～500 W；蓄电池电压有36 V、48 V和60 V三种，容量有12 A·h和20 A·h两种。豪华型电动自行车也有安装双组蓄电池的，其骑行里程更远，续行里程为50～100 km。常见豪华型电动自行车如图1-5所示。

图1-5 常见豪华型电动自行车

4. 电动摩托车

电动摩托车是电动自行车的延伸产品，一般时速较高。它的特点是功能齐全，外表豪华，售价在2 500～3 000元。

电动摩托车的电动机电压为48 V或60 V，功率为500～800 W；蓄电池电压为48 V或60 V，容量有20 A·h、22 A·h、24 A·h。电动摩托车的续行里程为50～100 km。电动摩托车如图1-6所示。

图1-6 电动摩托车

二、电动自行车的型号编制

一般电动自行车的型号编制由四部分组成，如下所示：

TD　第一部分

L　第二部分

10　第三部分

Z　第四部分

（1）第一部分（TD）表示特种自行车类的电动自行车。电动自行车的型号全部显示TD。

（2）第二部分（L）表示电动自行车的型式和车轮直径，如表1-1所示。

表1-1　电动自行车的型式和车轮直径

型式	车轮直径（mm）						
	701 （28 in）	660 （26 in）	610 （24 in）	560 （22 in）	510 （20 in）	455 （18 in）	405 （16 in）
女式	A	E	G	K	M	0	Q
男式	B	F	H	L	N	P	R

注：英寸一般用in表示。

（3）第三部分（10）为工厂设计顺序号。

（4）第四部分（Z）为表示电动机与驱动轮之间的传动方式的代号。轴传动代号为Z；链条传动代号为L；皮带传动代号为P；摩擦传动代号为M；其他传动代号为Q。

第三节　电动自行车的结构

一、电动自行车的基本组成及工作原理

在自行车的基础上加上电气"四大件"（电动机、控制器、蓄电池和充电器），就构成了一个简单的电动自行车。

蓄电池提供能源，通过控制器供给电动机电能，电动机再把电能转换为机械动能，驱动电动自行车行驶。

控制器是电动自行车的大脑，用于全面检测各组件的状态，根据骑行者的指

令，准确控制电动机的启动、加速、减速制动，严格保护蓄电池、电动机不受大电流冲击，延长蓄电池及电动机的寿命，同时保持控制器自身的正常运行。

电动自行车的基本组成如图1-7所示。

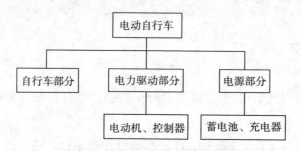

图1-7　电动自行车的基本组成

二、电动自行车的基本结构

电动自行车的基本结构由机械部分和电气部件组成。

1. 车体

车体的主要部件有车架、前叉、车把、支架和鞍座等。一般车体用钢材制造。车架是电动自行车的主体。由于车架要承受骑行者和车体的自重，所以车架的质量关系到整车的质量和安全性，必须保证车架有合理的结构、足够的刚度和强度。车架如图1-8所示。

前叉主要有两种形式：

（1）普通型，和自行车的前叉结构一样。

（2）豪华型，带减震系统，主要在左、右轴增加了减震弹簧，减轻了骑行者的振动和冲击，提高了骑行的舒适性，如图1-9所示。

图1-8　车架

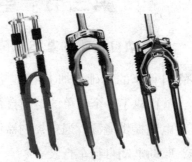

图1-9　前叉

车把用于操纵前轮控制电动自行车的行驶方向。另外，调速手柄、断电刹车、左右转向灯及开关都安装在车把上。

2. 车圈与轮毂

电动自行车的车圈强度必须符合载重行驶的要求。车圈的直径一般有16 in、18 in、20 in、22 in和24 in。

车圈如图1-10所示。

图1-10　车圈

电动自行车的轮毂和电动机结合在一起，既美观，工作效率又高。轮毂有辐条式和一体化铝轮式两种，如图1-11所示。

图1-11　轮毂

3. 电动机

电动自行车的电动机是将蓄电池的电能转换成机械能，驱动车轮转动的部件。电动自行车一般使用直流电动机，常见的有有刷有齿电动机、有刷无齿电动机、无刷有齿电动机和无刷无齿电动机。目前大多采用无刷无齿电动机。电动机如图1-12所示。

图1-12　电动机

4. 蓄电池

蓄电池俗称电瓶，是一种储电装置，用于驱动电动机旋转并给电动自行车的其他电气部件供电。蓄电池是决定电动自行车续行里程的关键部件之一。

电动自行车主要采用铅酸蓄电池，其电压分为36 V（3块12 V蓄电池），48 V（4块12 V蓄电池）和60 V（5块12 V蓄电池）3种。

因为铅酸蓄电池的价格最低，所以现在市场中几乎都采用了铅酸蓄电池，但它存在体积大、质量大、容量低、寿命短的缺点。锂离子蓄电池和镍氢蓄电池没有上述缺点，但其价格高得多，因此应用极少。

蓄电池如图1-13所示。

图1-13　蓄电池

5. 控制部件

电动自行车的控制部件包括控制器、调速转把、闸把、仪表盘、助力传感器、组合开关和灯具等。

（1）控制器

电动自行车的控制器与调速转把联合控制电动机的转速，是电动自行车电气系统的核心部件之一。控制器和电动机配套，分为有刷控制器和无刷控制器两种。有刷控制器的电路简单，价格低；无刷控制器的电路复杂，价格高。控制器如图1-14所示。

图1-14　控制器

（2）调速转把

调速转把是控制电动自行车速度的部件，如图1-15所示。旋转角度不同，对应输出给控制器的电信号的大小不同。控制器根据调速转把提供的电信号控制电动机的转速。

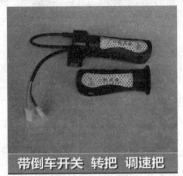

图1-15　调速转把

（3）闸把

闸把又称断电刹车。闸把一方面通过钢丝、闸皮起刹车作用；另一方面，其内部电路输出的信号给控制器，由控制器切断电动机的供电，从而实现刹车断电的功能。它采用先断电后刹车的工作过程，避免了控制器的电子元器件的损坏。闸把如图1-16所示。

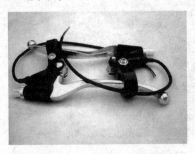

图1-16　闸把

（4）仪表盘

仪表盘是指示电动自行车状态的组合部件，用于显示电源通断、电池电量和行车速度。仪表盘如图1-17所示。

图1-17　仪表盘

（5）助力传感器

助力传感器是通过人力骑行时脚蹬实现电动机转动的部件。助力传感器采用霍尔元件，用支架固定在右中轴旁，中轴上装有磁环。中轴转一周，则磁环上的5个磁钢使霍尔元件输出5个脉冲，被智能型控制器检测到后，可计算出1∶1助力力矩给电动机供电。新型助力传感器可以识别中轴的前转、后转，只有向前转时，控制器才给电动机供电。

助力传感器如图1-18所示。

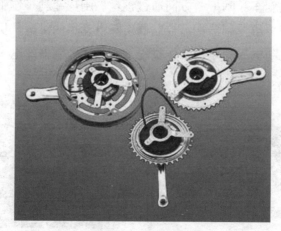

图1-18　助力传感器

6. 充电器

充电器的主要作用是将交流电（220 V）转换为给蓄电池充电的直流电。常见的充电器有36 V充电器、48 V充电器和60 V充电器。

充电器如图1-19所示。

图1-19　充电器

三、电动自行车四大件的相互关系

电动机、控制器、蓄电池、充电器称为电动自行车的四大件。这四大件的相互关系如下：

（1）电动机用于将蓄电池电能转换成机械能，驱动电动自行车的车轮转动。电动机的效率高低受蓄电池的蓄电量影响。

（2）控制器和调速转把结合控制蓄电池的输出电压、电流，从而达到控制电动机转动的目的。控制器有欠压保护功能，"欠压保护点"的高低影响蓄电池的放电深度，进而影响行驶里程。"欠压保护点"过低会造成过放电，损伤蓄电池。控制器还有过流保护功能，主要用于对电动机进行保护，防止大电流损坏电动机。

（3）蓄电池通过充电器的充电将电能储存起来，最终通过电动机将电能输出，其输出受控于控制器。

第四节　电动自行车的主要部件

一、电动自行车的机械系统与维修

1. 车架

车架要求结构合理，结实安全，有足够的强度。常见车架如图1-20所示。根据蓄电池的安装部位不同，车架的结构也不相同。常见的有中置后立式、后置式、中置横卧式和中后置混合式。车架常见的故障有变形和断裂两种。如果损坏，必须对车架进行校正和重新焊接。

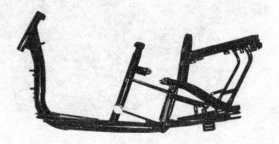

图1-20　常见车架

2. 前叉

前叉主要由前叉和前叉组件结合而成。前叉的上部和车把、车架配合，下部和前轴、前轮部件组合，构成电动自行车的导向部分。

前叉常见的故障是车把与前叉不一体。故障原因是车把中心的螺杆松动。维修方法是用扳手将把心螺杆的六方螺母拧紧。维修前应将车把与前叉中的前轮摆正方向。前叉的维修如图1-21所示。

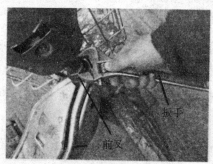

图1-21　前叉的维修

3. 车把

车把主要用于掌握电动自行车的平衡行驶和方向。车把与前叉中的立管结合在一起，安装在车架的前管上。车把分为固定形和组合形两种。车把上应有一个安全标记，在安装和维修时，将车把插入前叉立管中时，不应超过安全标记。安装车把时要注意，其安装应适合安装电动自行车刹车断电的刹把；适合安装电动自行车的转把；适合安装电动自行车的各种显示仪表。

常见车把如图1-22所示。

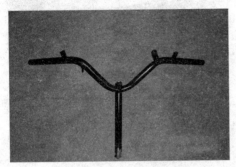

图1-22　常见车把

图1-23　立管安全线的调整

调节车把的高低时，立管安全线不应露出前叉锁母之外，如图1-23所示。

4. 车轮

车轮有前轮和后轮之分。电动自行车的车轮由车圈、轮胎和车条组成。

（1）车圈

车圈主要用于安装轮胎，一般用带钢或铝合金制造。车圈分为软边车圈、直边车圈和钩边车圈。一部分后轮车圈与电动机制作在一起，称为一体化铝轮。车圈如图1-24所示。

图1-24　车圈

（2）轮胎

轮胎分为内胎和外胎。轮胎的质量和轮胎的材料、花纹对电动自行车的骑行影响很大。轮胎主要用橡胶制成。内胎如图1-25所示，外胎如图1-26所示。

图1-25　内胎

图1-26　外胎

①轮胎充气方法：充气充到一定的气压后，转动车轮用手均匀敲击轮胎，然后继续充气使轮胎与轮圈吻合，以免骑行时出现滑胎现象。充气要适当，太足则行驶时颠簸剧烈；太少则会影响车速和载重，而且会使外胎壁折裂、内胎轧坏。轮胎充气方法如图1-27所示。

②漏气或爆胎的维修方法：漏气或爆胎是内胎常见的故障。首先将外胎的一边从车轮的一侧卸下，外胎的另一边可留在车轮上，然后将内胎从外胎中轻轻取出，如图1-28所示。

打气筒　　轮胎

图1-27　轮胎充气方法

图1-28　卸下内胎

将充足气的内胎浸入盛水的盆中，如果发现内胎某处不断冒气泡，表示此处漏气，如图1-29所示。

发现内胎漏气后要对内胎进行修补。首先将内胎漏气部分表面的水擦干净，然后将内胎的气放完，再根据坏孔的大小剪下一块旧内胎补块（补块要大于补孔1 cm），并将补块锉刷干净，涂上胶水，等干后将补块贴在漏孔处，并用木槌轻轻敲打，使内胎和补块结合牢固，如图1-30所示。

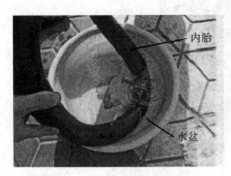 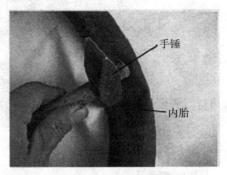

图1-29　检查内胎是否漏气　　　　图1-30　轻敲压紧补块

③气门嘴漏气的检查方法：将气门嘴部分的内胎浸入水盆后，用手左右扳动气门嘴。如果有气泡冒出，则说明气门嘴漏气。一般对气门嘴的压气螺母进行紧固即可排除漏气，如图1-31所示。

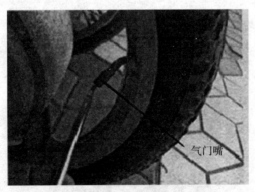

图1-31　气门嘴漏气的检查

（3）车条

电动自行车的车条在车圈和轮毂之间。车条常见的故障是断条，有时断一根，有时断几根。如果条母没有损坏，一般不用拆车轮，只需将轮胎内的空气放完即可。如果条母损坏，更换车条时需先把内胎的空气放完，然后把损坏车条部分的外胎扒开，撬开垫带，取出旧条母，放入新条母。安装新条母时，应先将新条母反拧在新车条上几丝，再将外胎扒开，把辐条伸进条母内，再将反拧车条拧下来。新条母安好后，要用辐条扳手进行紧固并重新对车圈进行校正。车条的更换如图1-32所示。

车条

辐条扳手

图1-32　车条的更换

【技术指导】

更换车条后，电动自行车的辐条有时仍然会断裂。常见的断条部位在车条与后轮轮毂的交接处。此时，可从电动自行车上拆下后轮，在所有车条与后轮轮毂的交接处都加一至两个垫片，然后用辐条扳手将车条拧紧，并校正车圈。

5. 支架

支架的作用是在停放电动自行车时支撑车体，方便停放。常见的支架有双脚支架和单脚偏支架。支架一般安装在后轴或中轴的后边，如图1-33所示。

图1-33　支架

6. 座鞍

一般简易型电动自行车的座鞍装在后立管处和鞍管上；豪华型电动自行车的座鞍装在后车架上方。

对于简易型电动自行车，调节鞍管的高、低时，注意鞍管安全线不应露出车架管接头之外，如图1-34所示。

图1-34　调整鞍管安全线　　　　　　　　图1-35　悬臂闸

7. 车闸

电动自行车的车闸有悬臂闸、抱闸、随动闸和涨闸。电动自行车前轮的车闸目前主要采用了钳形闸把，并以手闸为主。这种车闸叫作悬臂闸。通过钢索控制悬臂闸，使电动自行车制动，如图1-35所示。车闸要求制动性好，灵敏可靠，操作方便，便于安装调整和维修。

电动自行车采用250 W以下电动机的后轮大多采用抱闸，抱闸盘螺纹与后电动轮毂装配在一起，如图1-36所示。

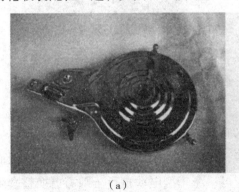

（a）　　　　　　　　　　　　　　　　（b）

图1-36　抱闸

电动自行车采用350 W电动机的后轮一般采用随动闸。它是在原抱闸的基础上改进的产品。随动闸的后轮与前、后轴的连接采用螺纹连接紧固，其适用范围广，制动效果强，操作方便，易维修、更换，有逐步替代普通抱闸的趋势。随动闸如图1-37所示。

（a）正面 　　　　　　　　　　　（b）负面

图1-37　随动闸

电动摩托车采用500 W电动机的后轮大多采用涨闸，涨闸主要是利用涨闸内的两个刹车块的扩张力起到刹车作用的，如图1-38所示。电动自行车采用350 W以上电动机的前轮大多也采用涨闸。

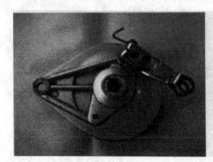

（a）正面 　　　　　　　　　　　（b）背面

图1-38　涨闸

【常见故障】

车闸的常见故障是刹车失灵。刹车失灵有两种情况：一种是闸线损坏；一种是车闸损坏。一般闸线损坏的情况较多，维修时对闸线进行更换即可。一般而言，简易型电动自行车对线芯进行更换即可；豪华型电动自行车则需更换整套闸线。如果车闸损坏，可对车闸整套换新。车闸常见的型号是90、100、108。

【技术指导】

前、后车闸操纵要灵活，并能借助弹簧的弹力迅速复位。刹闸后，闸把与把套之间的间隙应留有一指距离。两侧闸皮与车轮受车闸作用的部分应平行，其上下、左右偏差应一致。

车闸调整示意图如图1-39所示。

扳手

图1-39　车闸调整示意图

8. 链轮系统

链轮系统主要由链条、链轮和飞轮组成。一般只有简易型车才有链轮系统。链条是电动自行车的驱动系统的传动带，它在链轮和飞轮之间。链轮用于带动链条驱动飞轮。飞轮是一个外边有链齿的单向轮。

【技术指导】

为了拆卸方便，链条设计有一节可拆卸的活动接头，供拆卸安装时使用。拆卸时，用尖嘴钳卡住弹簧片的尾端的一片及附近的销轴，用力将弹簧片拆下，再取下接头片，然后用尖嘴钳夹住接头轴的板片中间并向外拉，即可拆开链条。

安装链条时，接头片和弹簧要装在链条的外侧。弹簧片的圆头要朝向前进的方向，也就是说，链条的接头方向与正常运行方向相反。链条应摆平、放顺，不要扭劲，且长短、松紧应合适。

链条的拆装与调整如图1-40所示。

链条

螺丝刀

图1-40　链条的拆装与调整

9. 钢珠的检修与更换

电动自行车前轴、后轴、中轴及前叉上、下碗内的钢珠损坏是常见的故障。发现钢珠损坏应及时检修并更换新钢珠。一般更换钢珠时应全部换新钢珠，且大、小钢珠不能混用，这是因为大、小钢珠混在一起，不但相互之间易磨损，而且由于钢珠的承受压力不同，短时间还会造成钢珠的损坏。

【技术指导】

用黄油将钢珠黏合后摆满轴碗，如果余下的间隙放不下一个钢珠，说明此时放入钢珠的数量是正好的。

10. 脚蹬（左反右正）

电动自行车中的简易车型一般安装有脚蹬，安装脚蹬时注意左边的脚蹬是反丝，右边的脚蹬是正丝。脚蹬外形如图1-41所示。

图1-41　脚蹬外形

二、电动自行车的电路系统与维修

1. 霍尔元件

（1）霍尔元件概述

霍尔元件是利用霍尔效应制成的磁感应电子元件，是一种磁敏传感器。

霍尔元件具有许多优点：结构牢固，体积小，质量轻，寿命长，安装方便，功耗小，频率高，耐振动，不怕灰尘、油污、水汽及烟雾等的污染或腐蚀。霍尔线性器件的精度高、线性度好；霍尔开关器件无触点、无磨损、输出波形清晰、无抖动、无回跳、位置重复精度高。采用了各种补偿和保护措施的霍尔元件的工作温度范围宽，可达-55 ℃ ~ 150 ℃。霍尔元件如图1-42所示。

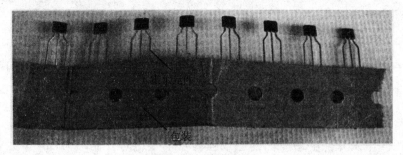

包装

图1-42　霍尔元件

（2）霍尔效应原理

所谓霍尔效应，是指磁场作用于载流金属导体、半导体中的载流子时，产生横向电位差的物理现象。金属的霍尔效应是1879年被美国物理学家霍尔发现的。当电流通过金属箔片时，如果在垂直于电流的方向施加磁场，则金属箔片两侧面会出现横向电位差。半导体中的霍尔效应比金属箔片中更明显，而铁磁金属在居里温度以下将呈现极强的霍尔效应。

霍尔效应原理如图1-43所示。

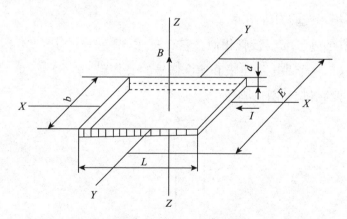

图1-43　霍尔效应原理

（3）常用的霍尔元件分类

霍尔元件是电动自行车经常采用的控制型元件。调速手柄发出速度控制指令，无刷直流电动机在运转中换相，多是通过霍尔元件完成的。

按照功能划分，电动自行车上常用的霍尔元件分为两类，即开关型霍尔元件和线性霍尔元件。

当开关型霍尔元件的敏感面有磁场时，输出小；当无磁场时，输出大。其供电电压为4.5～24 V。其输出电路为集电极开路。开关型霍尔元件一般用于电动自行车电子刹把、无刷电动机内部的3个位置传感器、助力传感器和车轮速度传感器等。开关型霍尔集成电路有3种，即电动自行车的无刷直流电动机采用的双极性开关电路（又称锁存型），UGN3H5、UGN3177，具有锁存功能。

当线性霍尔元件的敏感面的磁场强弱发生变化时，输出为1.0～4.2 V，连续线性变化（若电源供电为5 V）。线性霍尔元件的型号有UGN3501和UGN3503。它一般在调速手柄上使用。

无刷电动机一般有3个开关型霍尔元件，输出为0～5 V（若电源供电为5 V）。无刷电动机常用的霍尔元件有3144，AH41，AH61，AH512，AH3114，AH3175，3144EU（A），A3172XU（A），EW-512等。

速度转把一般采用线性霍尔元件，常用的有UGN3502，UGN3503，SS496B，KB3503。

1：1助力器专用霍尔元件包括EW-732，SS40，SS41，US1881。

（4）霍尔元件的引脚功能

霍尔元件的外形与三极管相似，它有3个引脚：一个为速度信号输出端；一个为电源正极；一个为电源负极和速度信号的公共端。

霍尔元件的引脚如图1-44所示。

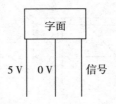

图1-44　霍尔元件的引脚

接下来介绍霍尔元件引脚功能的判断方法。

①直观判断法：将霍尔元件带字母的一面朝上，左边的引脚为电源5 V正端；中间的引脚为接地脚；右边的引脚为信号输出端，控制霍尔信号线。

②根据霍尔引线颜色判断：在霍尔型转把中一般有3条引线，红色引线为转把内霍尔5 V电源正端；黑色引线为霍尔地线引出线；另一条引线（绿色或蓝色）为霍尔信号线，如图1-45所示。

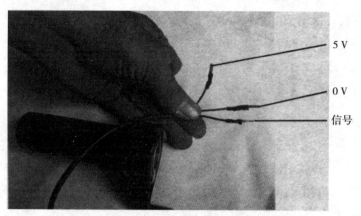

图1-45　根据颜色判断转把中3条霍尔引线的功能

在无刷电动机中与控制器相连的霍尔引线有5条，一般黑线为接地线；红线为电源5 V正端；其余的黄、蓝、绿线为霍尔信号输出端，即霍尔相线，如图1-46所示。

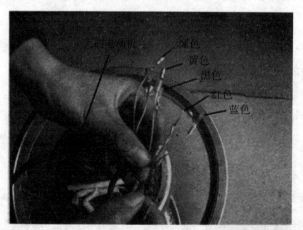

图1-46　根据颜色判断电动机中五条霍尔引线的功能

（5）霍尔元件的检测技巧

霍尔元件的常见故障是霍尔元件失效、信号脱落，霍尔元件的引线断开或霍尔元件被击穿。通过测量霍尔元件引脚的阻值可以判断霍尔元件的好坏。假设被测霍尔元件为无刷电动机专用霍尔元件3144，用数字式万用表的二极管挡测量霍尔5 V电源脚与中间地脚的阻值,正向电阻为"1",反向电阻(的电压)为"1.065 V"左右(因型号不同而不同);测量霍尔信号脚与中间地脚的阻值,正向电阻为"1",反向电阻为"619"左右(因型号不同而不同),如果正、反向电阻值不相符,说明霍尔元件损坏。霍尔元件的测量示意图如图1-47所示。

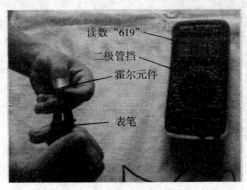

图1-47 霍尔元件的测量示意图

【技术指导】

霍尔元件常见的故障是击穿开路,如果霍尔元件被击穿,其各脚对地阻值为0 Ω;如果正、反电阻均为"1",说明霍尔元件断路,应用同型号霍尔元件更换。

2. 调速转把

(1)调速转把的结构原理

调速转把是电动自行车的调速部件,可以控制电动自行车的速度的快慢。调速转把一般位于电动自行车的右边,即骑行时右手的方向。电动自行车的调速转把的转动角度范围为0~30°。调速转把由磁钢、线性霍尔元件、复位弹簧和塑料件组成,其外形如图1-48所示。调速转把的内部结构组成如图1-49所示。

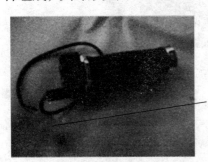

图1-48 调速转把的外形

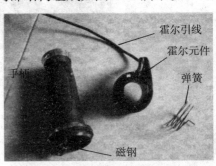

图1-49 调速转把的内部结构组成

（2）调速转把的引出线

调速转把的引出线是线性霍尔元件的引出线。各厂家用线颜色不统一，一般红色为+5 V电源线；黑色为地线；绿色或蓝色为信号线。转动调速转把改变霍尔元件周围的磁场强度，进而改变霍尔转把的输出电压，该电压传输给控制器的主处理芯片，便实现了控制电动机转速的目的。

调速转把的引线功能如图1-50所示。

细红线——三——转把电源+5 V

细黑线——芯——转把地线
　　　　　　扁

细绿线——插——转把信号线

图1-50　调速转把的引线功能

【技术指导】

调速转把的接线方法

①用万用表的直流电压挡先检测出控制器的引出线的5 V供电线，再将+5 V供电线接调速转把的红线，负极线接调速转把的黑线，然后把剩下的两条信号线接通即可。

②先找出调速转把的正极线（大多用红色）并与控制器的红色5 V供电线对接好，然后把调速转把的信号线、地线与控制器的引出线任意对接起来。转动调速转把，如果电动机转动，则接线正确；如果电动机不转，表示接线不正确，把信号线与地线对调即可。

③对于有些品牌电动自行车厂家的调速转把而言，红线是5 V供电线，黄线是地线，绿色是信号线。接线时要用测量法判断准确后才能接线；千万不要将供电的红线与地线接反，否则将烧坏调速转把内的霍尔元件。

（3）调速转把损坏的影响

调速转把损坏，电动自行车会出现以下现象：

①电动机不转。

②电动机的转速低。

③电动机时转时停。

④电动机高速运转（飞车）。

（4）调速转把的检修技巧

①测电压法：打开电源锁，用万用表的直流电压挡测量调速转把的红、黑线，应有5 V的供电电压，否则说明控制器损坏。转动调速转把，测量其信号线与地线之间的电压，应有1～4.2 V的电压变化，否则说明调速转把损坏，应更换新件。测电压法如图1-51所示。

②短接法：打开电源锁，短接调速转把的红色供电线和信号线，如果电动机高速运转，说明调速转把损坏，应更换新件。

③更换法：用一个新的调速转把更换原调速转把，如果电动机正常，说明调速转把损坏。

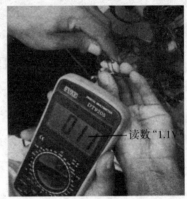

读数"1.1V"

图1-51　测电压法

【技术指导】

调速转把的改制

调速转把的内部磁钢有两种：一种为一体型磁钢；另一种为分体型磁钢，如图1-52所示。改制调速转把前，首先用内六方扳手去掉转速转把的固定螺钉，再打开转速转把，把转速转把内的磁钢N极和S极对调。拆卸磁钢前要做好标记，以免安错。

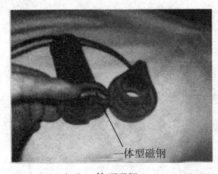

一体型磁钢

（a）一体型磁钢

分体型磁钢

（b）分体型磁钢

图1-52　磁钢

（5）调速转把的更换技巧

更换调速转把时的接线为：红线接控制器的红线，黑线接控制器的黑线，绿线（蓝线）接控制器的绿线（蓝线）。更换前用六方扳手松开调速转把的固定螺栓，将调速转把从车把上取下，安装好新调速转把，再将调速转把的3条引线分别接好，并用绝缘胶带包好。调速转把与控制器的连接如图1-53所示。

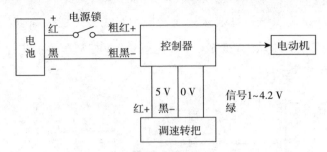

图1-53　调速转把与控制器的连接

【技术指导】

更换调速转把时，不论是有刷或无刷车，调速转把都通用。有个别品牌厂家的调速转把的地线采用了黄线，供电线采用了红线，信号线采用了绿线，更换这种调速转把时，将调速转把的红线接好，余下的两条线可任意接好，试车，如果电动机不转，再将余下的两条线对调即可。

3.闸把开关

（1）闸把开关的结构原理

闸把开关又叫断电刹车。捏断电刹车时，将刹车信号传给控制器，控制器接收到刹车信号后立即停止对电动机供电，起刹车切断电动机供电的作用。目前，电动自行车的刹把常使用机械式开关型闸把。机械式开关型闸把如图1-54所示。它内部有一个机械式微动开关，不刹车时，为常开状态；刹车时，为闭合状态，即开关导通，将刹车信号传给控制器，控制器断开电动机的供电。它有两条引线：一条是红色进线，另一条是黑色输出线。

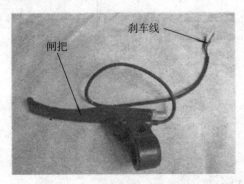

图1-54　机械式开关型闸把

（2）闸把开关的接线方法

①低电平刹车信号与控制器的连接：低电平刹车控制器上有两条刹车线，一条为红线，另一条为黑线；红线接调速转把的红线，黑线接调速转把的黑线。当用户刹车时，信号电压从5 V变成0 V，也就是0 V时刹车。低电平刹车信号与控制器的连接如图1–55所示。

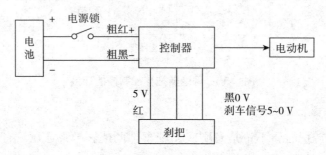

图1–55　低电平刹车信号与控制器的连接

②高电平刹车信号与控制器的连接：高电平刹车控制器上一般只有一条刹车引出线，将这条高电平刹车线与刹把的黑线对接，同时将刹把的黑线与刹车灯线相接，然后将刹把的红线与转换器的12 V输出线对接。当捏刹把时，刹把开关导通，将12 V刹车信号传给控制器，控制器断开电动机的供电，同时刹车灯点亮。高电平刹车信号与控制器的连接如图1–56所示。

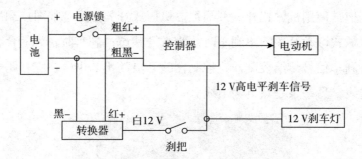

图1–56　高电平刹车信号与控制器的连接

（3）闸把开关故障的影响

闸把开关故障后，电动自行车会出现以下现象：

①刹车不断电。

②常断电（电动机不转）。

③电动自行车时转时不转。

（4）闸把故障的检修技巧

①通断法：手捏闸把，用万用表的蜂鸣器挡测量闸把的红、黑两条引线，应为相通状态，否则说明闸把损坏，应更换新件。通断法测闸把如图1-57所示。

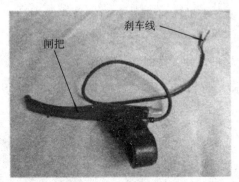

图1-57 通断法测闸把

②断开法：对于常断电的故障，可断开闸把的两条引线，如果发现电动机旋转，则说明闸把损坏，应更换新件。

更换法：对于时好时坏的故障，可用更换法排除。

【技术指导】

闸把开关的常见故障是闸把失灵。有些电动自行车，用户骑行时正常，当手捏闸把时，电动机断电，当手松开闸把时，转动调速转把，电动机不转，这可能是由于闸把没归位所致，维修时应检测闸把是否归位。闸把开关的检修如图1-58所示。

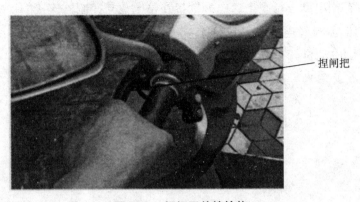

图1-58 闸把开关的检修

4. 电源锁

（1）电源锁的结构原理

电源锁是控制电动自行车电路通断的元件，根据外形分，有一般常用的大、中、小头电源锁和特殊型的豪华型车电源锁。一般常用电源锁有K1和K2两挡，共红、蓝、黄三条引线。电动摩托车的电源锁有多条引线，但只用了其中两条。在36 V电动自行车中，所有电流流经电源锁，因此流经电源锁的电流较大。在48 V电动自行车中，大部分只有灯具等的电流流经电源锁，电动机用电直接由蓄电池供给，电源锁只做信号开关。普通电源锁实物如图1-59所示。带锁车把的电源锁实物如图1-60所示。电源锁的原理图如图1-61所示。

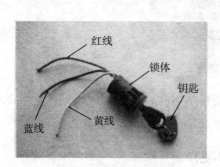

图1-59　普通电源锁实物

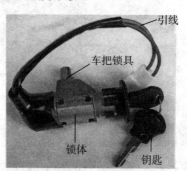

图1-60　带锁车把的电源实物

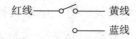

图1-61　电源锁的原理图

（2）电源锁的接线方法

在36 V有刷电动自行车上，电源锁接在蓄电池与控制器连接的正极线中间，因此整车的电流流经电源锁，这样造成流经电源锁的电流较大，容易损坏电源锁。36 V有刷电动自行车电源锁的接法如图1-62所示。

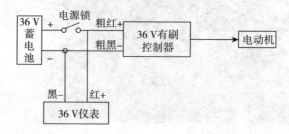

图1-62　36 V有刷电动自行车电源锁的接法

48 V无刷电动自行车的控制器上专门制作了一条电源锁线，一般使用细红或细橙线。电源锁的红色进线接蓄电池的正极线，电源锁的输出线接控制器的电源锁线，因此整车电流不流经电源锁。只有灯具、喇叭等的电流通过电门锁控制，因此电源锁只是信号开关，不易损坏。48 V无刷电动自行车电源锁的接法如图1-63所示。

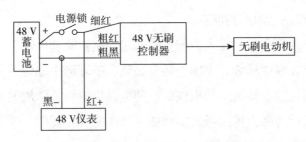

图1-63　48 V无刷电动自行车电源锁的接法

（3）电源锁的常见故障

电源锁的常见故障是电门开关失灵，不能控制整车供电的开和关。若电源锁损坏，需更换新件；如果是锁钥匙转动不灵活，可加入缝纫机油或铅粉。

（4）电源锁的检修技巧

电源锁的检修方法有以下几种：

①测通断法：将万用表置于蜂鸣器挡位，去掉蓄电池的供电插头，打开电源锁的开关，测量电源锁的两条引线，应为相通状态，否则说明电源锁损坏，应更换新件。通断法检测电源锁如图1-64所示。

图1-64　通断法检测电源锁

②测电压法：将万用表置于直流"200 V"挡，找到电源插件，首先测量电源锁的红色进线与蓄电池的负极之间是否有蓄电池电压，然后打开电源锁的开

关，测量电源锁的输出线（黄色或蓝色）与黑色负极线之间是否有电压（与进线电压一致），若没有电压说明电源锁损坏，应更换新件。

③短接法：将电源锁的红色进线与输出线（黄色或蓝色）直接短接，如果全车有电，说明电源锁损坏，应更换新件。

5. 助力传感器

（1）助力传感器的结构原理

助力传感器的作用就是在人力骑行时通过控制器驱动电动自行车的电动机旋转。它一般安装在右中轴旁，中轴上装有磁环，磁环随中轴转动，霍尔元件输出的感应电信号通过控制器给电动机供电，使电动机旋转。常用的有1∶1助力传感器。如图1-65所示为助力传感器的实物图、接线图和安装图。

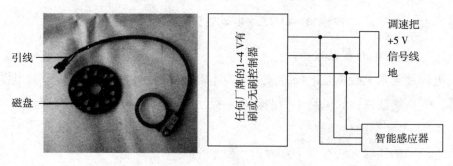

（a）助力传感器的实物图 　　（b）智能助力传感器的接线图

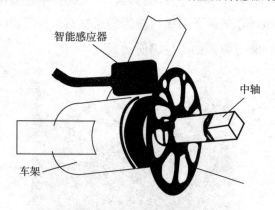

（c）智能助力传感器的安装图

图1-65　助力传感器的实物图、接线图和安装图

助力传感器的电缆上有3条引线，分别是红色5 V供电线、黑色接地线和绿色信号输出线，这3条引线和调速转把的3条相同颜色的引线并联即可。

（2）助力传感器的常见故障

助力传感器的常见故障是助力功能失效。如果助力传感器损坏，则不能输出助力信号，从而会造成助力功能失效。

（3）助力传感器的检测和更换

打开电源锁，用万用表的直流电压挡测量助力传感器的红线与黑线，应该有5 V左右的供电电压，否则说明控制器损坏。进一步检测，转动中轴，测量绿色信号线与地线之间的电压，应有1 ~ 4.2 V（霍尔型号不同，输出电压不同），否则说明助力传感器损坏。

安装、更换助力传感器时，应注意有磁钢的一面要面向车架，并且与传感器有1 ~ 4 mm的间距。

6. 转换器

（1）转换器的结构原理

转换器是将电动自行车蓄电池组的电压（36 V或48 V）转换成12 V电压供灯具和喇叭等电器使用的器件。转换器一般有3条引线，分别是一条红色电源输入线、一条黑色公共接地线和一条黄色（或白色）+12 V输出线。转换器实物如图1-66所示。

图1-66 转换器实物

（2）转换器在电动自行车上的接线方法

转换器在48 V电动自行车上的接线方法如图1-67所示。

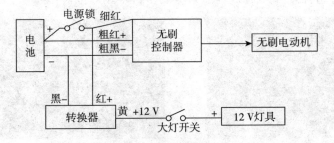

图1-67 转换器在48 V电动自行车上的接线方法

（3）转换器的常见故障

转换器的常见故障是不能输出12 V。如果电动自行车中的灯具和喇叭都不能工作，说明转换器损坏。

（4）转换器的检测技巧

可将万用表置于直流"200 V"挡，打开电源开关，首先测量转换器的输入引线，其电压应与蓄电池组的电压一致，如图1-68所示。然后测量转换器的输出线，应有12 V左右的电压，如图1-69所示，否则说明转换器损坏，应更换新件。

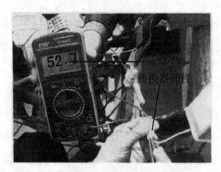

图1-68　测量转换器的输入电压　　　图1-69　测量转换器的输出电压

【技术指导】

需要说明的是，在转换器的红色输入引线上，大多数厂家都安装有熔断器，因此检修转换器时应注意检查熔断器是否损坏，如果损坏，应更换同型号熔断器。另外，更换转换器时，应注意检查转换器插件上的红、黑、黄色（或白色）是否对应，如果不对应，应调换对应后再插好插件。

7. 灯具

（1）常用灯具的型号

电动自行车配备的灯具有前大灯、后尾灯、转向指示灯和闪光器。如图1-70所示为前大灯组件。如图1-71所示为电动自行车用灯泡。

图1-70　前大灯组件　　　　图1-71　电动自行车用灯泡

①12 V系列：12 V/35 W、12 V/25 W大灯；12 V/10 W/5 W后尾灯；12 V/5 W或3 W转向灯、仪表照明灯；12 V/3 W电源指示灯。

②36 V系列：36 V/10 W大灯；36 V/10 W、5 W后尾灯；36 V/3 W转向灯、仪表照明灯、电源指示灯。

③48 V（52 V或55 V）系列：48 V/10 W、25 W、35 W大灯；48 V/10 W、5 W后尾灯；48 V/3 W转向灯、仪表照明灯、电源指示灯。

（2）灯泡的更换

更换灯泡时，其型号应与原车的型号一样，否则会造成灯泡损坏或灯光不强。如果前大灯或后尾灯损坏，会造成整车没电，其原因主要是控制器短路保护，维修时，只有将灯泡故障排除或排除线路短路后，电动自行车才会恢复正常。

（3）转向开关

转向开关是一个单刀双掷开关，向左拨动是左转向，向右拨动是右转向。

【技术指导】

正常骑行的电动自行车，当打开大灯开关时，整车无电。这种故障是由于大灯部分线路短路，可用观察法检查前大灯和后尾灯的灯泡是否损坏，如果灯泡正常，再检查大灯部分线路短路处，排除故障点后才能使电动自行车恢复正常。

【技巧与方法】

当大灯等灯具损坏时，会产生大灯不亮的故障。当灯具部分出现故障时，可首先采用观察法检查灯泡是否损坏，灯具线路是否断路，也可用万用表的蜂鸣器挡测量导线是否断路。

8. 喇叭

电动自行车用喇叭有塑料喇叭和铁喇叭两种，其电压有12 V、36 V、48 V三种。塑料喇叭如图1-72所示。铁喇叭如图1-73所示。

图1-72　塑料喇叭　　　　　　图1-73　铁喇叭

当喇叭出现故障时，首先打开电源锁，按动喇叭开关，检查喇叭是否响。如果不响，再检查喇叭塑料插件是否完好，喇叭开关是否损坏。按动喇叭开关，用万用表的蜂鸣器挡测量喇叭开关，应为相通状态，否则表明喇叭开关已损坏，应更换新件。如果喇叭开关正常，再按动喇叭开关，用万用表的电压挡测量喇叭的两条引线，看其电压是否与蓄电池电压一样。如果有电压但喇叭不响，则判断喇叭已损坏，应更换新件。喇叭的检查维修如图1-74所示。

图1-74　喇叭的检查维修

9. 组合开关

（1）组合开关的结构原理

在电动自行车上，大灯、喇叭、转向灯的开关统常制作在一起，叫作组合开关。组合开关的开关部分都用于控制电源的正极线，其负极线共用。组合开关的外形如图1-75所示。组合开关在电动自行车上的安装位置如图1-76所示。也有将组合开关与左闸把制成一体的，如凌英刹把与组合开关就制成一体，如图1-77所示。

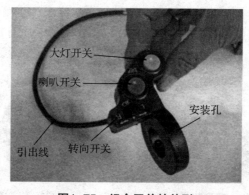

图1-75　组合开关的外形

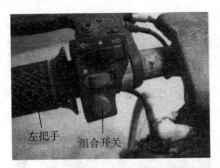
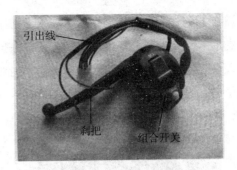

图1-76　组合开关在电动自行车上的安装位置　　　图1-77　凌英刹把与组合开关

（2）组合开关的常见故障和检测技巧

组合开关的常见故障是其中某个开关损坏，检测时可使用万用表的蜂鸣器挡位进行测量，如果相通说明开关正常，否则说明开关损坏，应更换新件。组合开关的检修方法如图1-78所示。

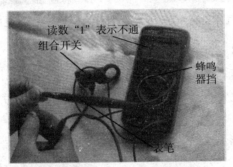

图1-78　组合开关的检修方法

10. 闪光器

闪光器（如图1-79所示）提供转向灯泡间隙电压，使转向灯闪烁，其自身还会发出声音。若转向灯不亮或不闪，可将闪光器的输入线与输出线短接。如果短接后恢复正常，表明闪光器损坏，应更换新件。闪光器常见的电压型号有12 V、36 V和48 V。闪光器外壳的引脚标注B表示进线端（Battery）；L表示输出端（Light），接线时不能接错。

图1-79　闪光器

11. 空气开关

（1）空气开关的结构原理和接线方法

空气开关只在电动摩托车款车辆上安装，一般安装在电动摩托车坐垫下面的储物箱内。空气开关的作用是当通过开关的电流（一般的导线都有最大允许通过电流）超过一定值时，其自身发热（利用双金属片受热弯曲的原理）导致开关里面的脱扣装置脱扣，从而切断电源，保护电路不因流经过大的电流而烧毁。空气开关一般串联连接在电源正极的红线上，一进一出，在ON位置是开，在OFF位置是关。空气开关的外形如图1-80所示。空气开关在电动摩托车上的安装位置如图1-81所示。

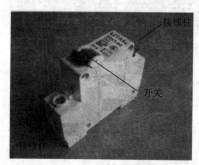

图1-80　空气开关的外形

图1-81　空气开关在电动摩托车上的安装位置

（2）空气开关的常见故障和检修技巧

空气开关的常见故障是开关失灵。检修时，可将万用表置于蜂鸣器挡位，将空气开关拨到ON位置，此时应为相通状态；将空气开关拨到OFF位置，应为断开状态，否则说明空气开关损坏，应更换新件。空气开关拨到ON位置时如图1-82所示。空气开关拨到OFF位置时如图1-83所示。

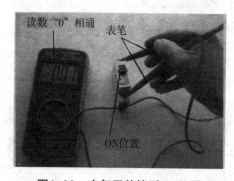

图1-82　空气开关拨到ON位置时

图1-83　空气开关拨到OFF位置时

12. 防盗报警器

（1）防盗报警器的使用方法

防盗报警器起增加偷盗难度及阻吓窃贼和提醒车主，防止电动自行车被盗的作用。防盗报警器一般由主机和遥控器组成。常见的防盗报警器有普通型单向防盗报警器、断电型防盗报警器和双向防盗报警器。普通型单向防盗报警器具备常见的防盗功能。断电型防盗报警器具有断开转把的5 V供电的功能。双向防盗报警器在车人分离的情况下能够及时知道车的状态，以及采取相应措施达到防盗目的，和普通单向防盗报警器相比，它具有明显的优势：在嘈杂环境中，双向防盗报警器能够知道车的状态；在看不到车的情况下，双向防盗报警器能够监测到车的状态；在众多情况下，双向防盗报警器能够监测到车的状态。

普通型单向防盗报警器的外形如图1-84所示。

（2）防盗报警器的安装方法

①普通型单向防盗报警器的安装方法：应将防盗报警器主机的正极（红线）、负极（黑线）分别接到蓄电池组的正、负极上（电源锁之前），切勿接反，否则会烧坏防盗报警器。其另一条线是天线，不需要连接。普通型单向防盗报警器的接线方法如图1-85所示。

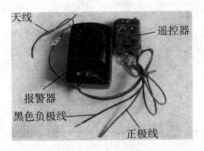

图1-84　普通型单向防盗报警器的外形

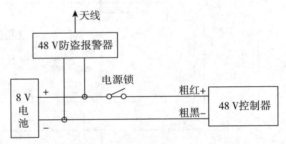

图1-85　普通型单向防盗报警器的接线方法

②断电型防盗报警器的安装方法：对于断电型防盗报警器，除了应按普通型单向防盗报警器的接法连接好红、黑两条供电线之外，还要将转把的红色5 V线断开，接在转把的5 V供电线上，这样如果防盗报警器发出报警声，其内部电路会切断转把的5 V供电，从而起到防盗作用。断电型防盗报警器的接线方法如图1-86所示。

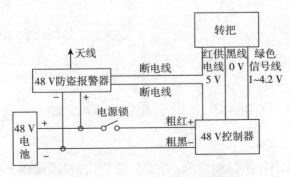

图1-86　断电型防盗报警器的接线方法

三、仪表的结构原理与维修

仪表、灯具部分的电路原理图如图1-87所示。因车型不同，仪表的种类也不同。常见的有发光二极管仪表、指针仪表、液晶仪表和智能显示型仪表。仪表常见的供电电压有36 V、48 V、60 V。不管是哪种仪表，其接线方法都是仪表的正、负极电源线直接连接电源锁后蓄电池的正、负极线。正、负极线不能接反。

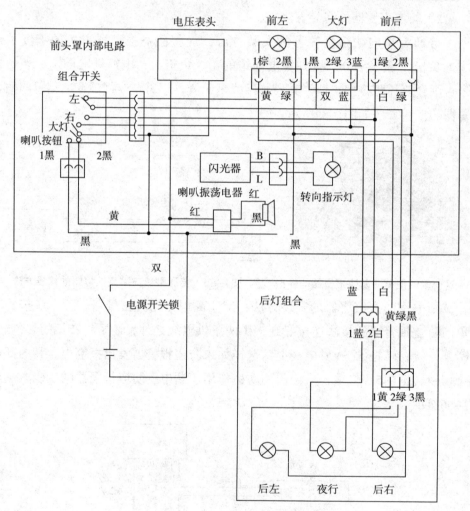

图1-87　仪表、灯具部分的电路原理图

1. 发光二极管仪表

发光二极管仪表如图1-88所示。发光二极管仪表电路如图1-89所示。

连接线

图1-88　发光二极管仪表

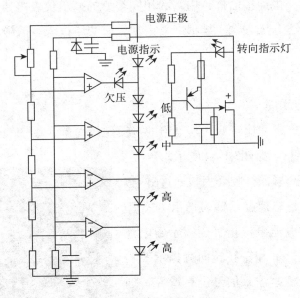

图1-89　发光二极管仪表电路

（1）结构与原理

发光二极管仪表电路属于电子电路，与整车的灯具电路分离。发光二极管仪表采用集成电路，不依赖于控制器电路，能独立工作。有的电动自行车的转把和闸把的信号经过仪表板过渡，然后输出给控制器。在应急情况下，可以将转把与闸把的引线直接供给控制器使用。

（2）常见故障与维修

①故障原因：仪表不显示的原因大多为电源电路故障，也可能是线路插件接触不良或元器件损坏。

②维修方法：

a. 打开电源，用万用表的直流"200 V"挡测量控制器与表盘相连的输出线，看其是否有与蓄电池一致的电压。由此可判断故障所在。

b. 关闭电源，将线路接插件拔出后再插好。打开电源，在静止或运行中观察仪表的显示情况。如果显示恢复正常，则故障排除；如果故障依旧，可用万用表的电阻挡测量接插件和接线间的通断情况。如果故障是由接插件失去弹性造成的，可用镊子或有尖锥工具拔起接插件使其鼓出，增加弹性。如果不能恢复正常，则更换同型号的接插件。

c. 关闭电源，拔掉接插件，用新的相同类型的显示仪表更换。接好电路后，打开电源，用上述方法实验，显示恢复正常，说明原仪表有故障，维修或更换它即可。

2. 指针仪表

（1）结构与原理

指针仪表的集成度比较低，其电路的接线比较简单，不依赖于控制器电路，能独立工作。指针仪表如图1-90所示。

指针仪表上的累计行驶公里数通过6位数字码表盘显示；整车速度指针表指示（公里/小时）时速；蓄电池电压指针表指示蓄电池电压；还有大灯指示和左右转向灯指示等功能。它通过一个转速输入信号进行换算，通过机械传动实现各自的指示功能。电压指针表的表头是普通的50 V直流电压表头。

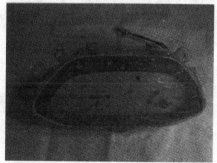

图1-90　指针仪表

（2）常见故障及维修

机械类仪表的故障主要是引线或仪表头故障。拆装仪表时，需要特别注意的是电源的正、负极不能搞错，而且仪表的供电电压要一致。

3. 液晶仪表

（1）结构与原理

液晶仪表能对各种数据（如时速、蓄电池电压、行驶里程、环境温度、骑行时间等）实现数字化精确显示，使操作人员能看见精确的数值，但是这种仪表的缺点就是抗紫外线的辐射能力差，对使用环境温度的要求高。因此，液晶仪表不能长时间放在太阳光底下晒。液晶仪表如图1-91所示。液晶仪表电路的连接如图1-92所示。

图1-91　液晶仪表

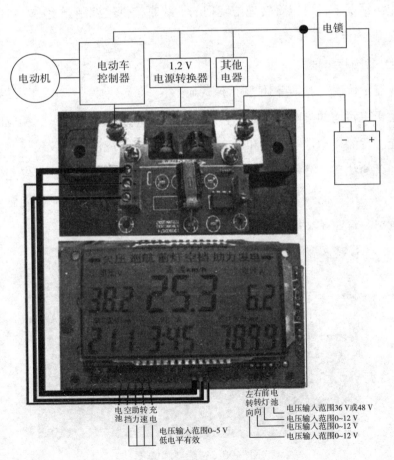

图1-92　液晶仪表电路的连接

（2）产品功能

液晶仪表具有来电指示、光控技术（当夜晚光线降到一定程度时，大灯会自动打开；如果是白天，大灯会自动关闭）、LCD电子钟显示、电流指示、时速显示、电池电压显示（低电压报警）、六位里程累计计数、公英里转换、断电记忆、超速报警（可以根据客户要求调整超速速度）和LED背光（可根据客户需要更换为任何一种颜色）等功能。LED的特点是使用寿命长，耗电量小，光线柔和，并且抗振动，耐冲击。

（3）常见故障与维修

有的液晶仪表可以不依赖于控制器电路而独立工作；有的液晶仪表则必须依赖控制器里面的单片机的数字信号才能工作，这种仪表一旦出现故障，只能更换。在应急情况下，可以将转把与闸把的引线直接供给控制器使用。

4. 智能显示仪表

（1）结构与原理

智能显示仪表一般具有3种骑行模式显示："1∶1助力""电动""定速"。控制器用于将目前的整车状态数据传送给仪表电路的驱动芯片，使相应的发光二极管发光。智能显示仪表必须和相应的智能控制器匹配使用，仪表板上发光二极管的亮和灭的状态受智能控制器的控制。它显示的内容比较多，不仅能显示蓄电池电压的高、中、低与欠压，还能显示整车处于何种骑行模式。智能显示仪表如图1-93所示。智能显示仪表电路如图1-94所示。

图1-93　智能显示仪表

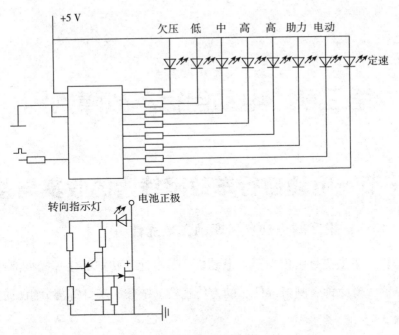

图1-94　智能显示仪表电路

（2）常见故障与维修

智能显示仪表板的显示内容依赖于控制器的数据信号，如果仪表板出现故障，应更换仪表板。应急修理时，可以将转把与闸把的信号直接与控制器相连。

5. 仪表的拆装

在拆装仪表的过程中，务必将蓄电池拆卸掉，连接好各种引线和接插件后，再将各种开关全部置于"关"的位置，然后用万用表的电阻挡测量+36 V线（或48 V）、+15 V线、+12 V线与地线。当测得没有短路现象以后，才能装上蓄电池。

6. 仪表的更换

电动自行车使用的是车载蓄电池的有限能源，它们的共同之处是都有蓄电池电压显示，而且它们一般都和转把与闸把等的控制信号分离。因此，在应急情况下，只要检测出仪表电路的电源正、负极蓄电池接线，液晶仪表的+15 V、+12 V、+5 V地线，将这些线对应接好，就可以实现仪表的更换了。

第二章　电动自行车故障判别

第一节　电动自行车故障线索的收集与整理

一、如何认识了解电动自行车的主要器件

电动自行车主要是由控制器、电动机、蓄电池、转把部件等操纵部件和仪表盘、充电器、电源锁、闸把部件、助力传感器、链条、车灯等部分组成的。

1. 控制器

控制器是电动自行车的控制中心，主要用来控制电动自行车中电动机的启动、运行、变速、定速和停止等工作状态。控制器的类型和参数通常标识在铭牌上，包括控制器名称、额定电压、输出功率、刹车电平、欠压保护等，如图2-1所示。左图为电动自行车有刷智能控制器，其额定电压36 V，输出功率250 W，刹车电平为低电平，欠压保护（31～41）V±1 V，转把电压1.1～4.2 V。右图为直流无刷电动机控制器，其额定电压直流48 V，输出功率350 W，欠压保护（42±0.5）V，刹车电平为低电平，额定电流（15±1）A，转把电压1.1～4.2 V，相位角120°。

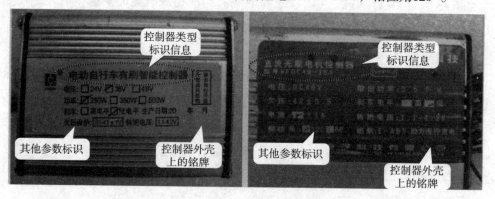

图2-1　电动自行车的控制器

2. 电动机

电动机主要用于将电池的电能转化为驱动电动自行车车轮转动的机械能。电动自行车电动机的铭牌上标注了主要的规格参数，一般位于电动自行车电动机外壳比较明显的位置，为选择、安装、使用和维修提供重要的依据。

通常电动自行车电动机在铭牌上面还标示出了电动机的各种数据及其额定值，通常包含电动机的型号、额定功率、额定电压、额定电流、额定转速、励磁方式、励磁电压、绝缘等级、质量及出厂日期和制造单位等，这些标识可以作为选用或合理使用电动机的参考数据。如图2-2所示为常见电动自行车电动机的铭牌标识。

电动自行车电动机			
型　号	ZC-41	励磁方式	并励
容　量	1.1 kW	励磁电压	110 V
电　压	110 V	励磁电流	0.895 A
电　流	13.3 A	额　定	连续
转　速	1 000 r/min	绝缘等级	
技术条件		质　量	20 kg
出厂编号		出厂日期	
XX电动机厂			

图2-2　常见电动自行车电动机的铭牌标识

3. 蓄电池

蓄电池是电动自行车的供电装置，通过其型号可以认识蓄电池的类型参数。如图2-3所示为铅酸蓄电池的型号含义。

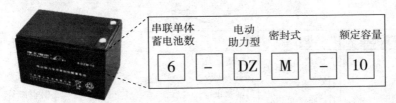

图2-3　铅酸蓄电池的型号含义

在该型号中，第一部分表示单体蓄电池数量，6表示该电池由6个单体蓄电池组成，额定电压为12 V（单体蓄电池电压为2 V）。

第二部分表示蓄电池适用类型，DZ为电动助力型。

第三部分表示蓄电池形式，M为密封式，MJ为胶体式。

第四部分表示蓄电池容量，10表示电容量为10 A·h（安时）。

铅酸蓄电池常见型号规格，见表2-1所列。

表2-1　铅酸蓄电池常见型号规格

型号	额定容量/ A·h	额定电 压/V	放电性能				质量/ kg
			2 h率/终止电压 1.6 V每单格		大电流放电/终止电压 1.4 V每单格		
			电流/A	容量/A·h	电流/A	容量/A·h	
3-DZM（J）-6	6	6	3	6	9	5	1.4
3-DZM（J）-10	6	10	5	10	15	5	2.1
6-DZM（J）-6	12	6	3	6	9	5	2.7
6-DZM（J）-10	12	10	5	10	15	5	4.1
6-DZM（J）-14	12	14	7	14	21	5	6.5
6-DZM（J）-20	12	20	10	20	30	5	9
6-DZM（J）-32	12	32	16	32	48	5	14
18-DZM（J）-12	36	12	6	12	18	5	14

图2-4所示为锂离子蓄电池的型号含义。

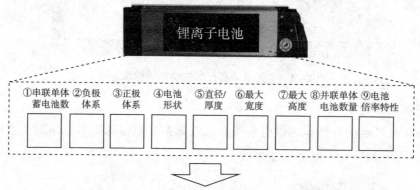

①串联单体蓄电池数	②负极体系	③正极体系		④电池形状
用数字表示	I碳负极锂离子体系 L金属锂负极体系或锂合金负极体系	C钴基正极 N镍基正极 M锰基正极 F铁基正极 T镍、钴、锰三元基元极 H除三元以外的多元混合型正极		R圆柱形 P方形
⑤直径或厚度/mm	⑥最大宽度	⑦最大高度	⑧并联单体电池数量	⑨电池倍率特性
圆柱形最大直径或方形最大厚度，用数字表示，取整数	用数字表示，取整数	用数字表示，取整数（若为圆柱形则为0）	用数字表示（若数量为1则省略）	P功率型 HP高速率型（若为能量型则省略）

图2-4　锂离子蓄电池的型号含义

锂离子蓄电池表面一般标注了额定电压和电荷量，如图2-5所示的锂离子蓄电池的额定电压为36 V，电荷量为9 A·h。

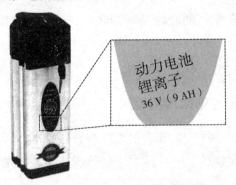

动力电池
锂离子
36 V（9 AH）

图2-5 典型锂离子蓄电池的参数标识

4. 充电器

电动自行车的充电器是将交流220 V电压转换成36 V或48 V的充电电压，为蓄电池充电。如图2-6所示为典型电动自行车充电器的铭牌标识，该充电器的额定输入电压为220 V±10%，频率为50 Hz或60 Hz，额定输入功率为150 W，额定输出电流为直流1.8 A，额定输出电压为直流59 V，适用于额定电压为48 V、电荷量为12 A·h的蓄电池。

图2-6 典型电动自行车充电器的铭牌标识

5. 转把部件

转把是电动自行车控制、调节行驶速度的重要部件，目前电动自行车普遍使用转把为1.1~4.2 V的单霍尔转把，少数电动自行车采用的是其他电压的转把。

6. 仪表盘

仪表是显示电动自行车当前状态的组合部件，常见的有36 V和48 V，仪表盘的额定电压通常在外包装上有标识。

7. 车灯

车灯是电动自行车用于照明和指示的灯具。车灯通常标识有额定功率和额定电压。普通电动自行车车灯的额定功率为40～100 W，LED电动自行车车灯的额定功率约为3 W。常见电动自行车车灯的额定电压为12 V、36 V、48 V、60 V等，不同额定电压的车灯适用于不同的电路。

二、电动自行车常见故障特点

电动自行车在使用过程中，经常会出现各种各样的故障，根据电动自行车的正极结构，可以将电动自行车的故障大体划分成机械系统的故障和电气系统的故障两大类。

1. 机械系统故障

电动自行车的机械系统主要是指电动自行车的车体部分，机械系统性能良好便可确保电动自行车能够正常地骑行。由于电动自行车机械系统是由其车体部件组合安装而成，因此，电动自行车的故障特点表现直观，如图2-7所示为电动自行车常见的机械故障。

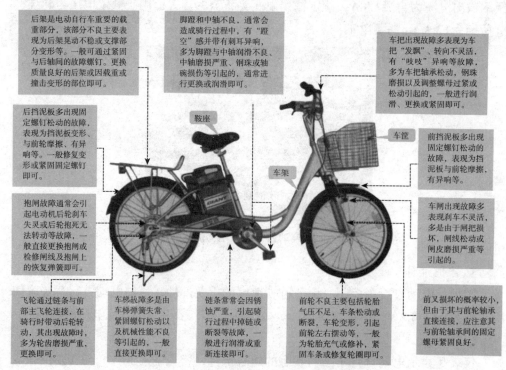

图2-7　电动自行车常见的机械故障

对于电动自行车机械系统的故障，通常非常容易查找，通过骑行过程中的感觉、倾听声响和观察机械部件外观即可判别故障原因，找到故障部位。一般来说，电动自行车机械系统的检修也较简单，多以重装、修补、润滑或更换等操作为主，如图2-8所示为机械系统的检修特点。

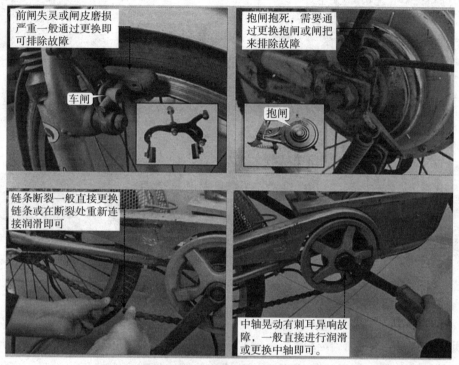

前闸失灵或闸皮磨损严重一般通过更换即可排除故障

车闸

抱闸抱死，需要通过更换抱闸或闸把来排除故障

抱闸

链条断裂一般直接更换链条或在断裂处重新连接润滑即可

中轴晃动有刺耳异响故障，一般直接进行润滑或更换中轴即可。

图2-8 电动自行车机械系统的故障特点

2. 电气系统故障

电动自行车可以在电池供电下实现自动行驶，用户可以通过车把处的转把控制电动自行车行驶的速度，这些功能主要是由电动自行车电气系统实现的，一旦电动自行车电气系统出现故障便会导致电动自行车无法自动行驶。如图2-9所示，电动自行车电气系统的故障特点与机械系统的故障特点有非常明显的区别。

由于电动自行车电气系统需要通过电路控制电动自行车的机械系统动作，进而实现电动骑行的功能，电气系统中任何一个元器件不良或部分电路存在故障都可能导致电动自行车无法正常工作。如果单从故障表现上，虽然很容易检查出故障，但对于故障原因的排查、分析过程较为复杂，很难在第一时间锁定故障部位。例如，电动自行车无法启动时，不仅要检查电池，同时还要对控制器、电动机部分进行检查。另外，电源锁部分连接不良也会出现无法启动的故障。

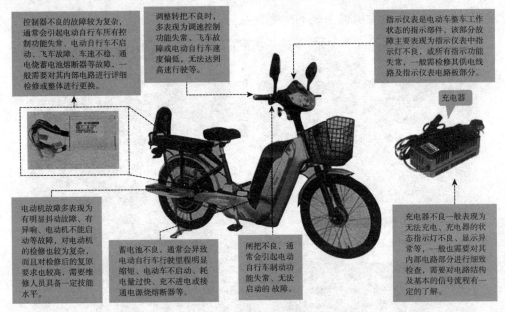

控制器不良的故障较为复杂，通常会引起电动自行车所有控制功能失常、电动自行车不启动、飞车故障、车速不稳、通电烧蓄电池熔断器等故障，一般需要对其内部电路进行详细检修或整体进行更换。

调整转把不良时，多表现为调速控制功能失常、飞车故障或电动自行车速度偏低，无法达到高速行驶等。

指示仪表是电动车整车工作状态的指示部件，该部分故障主要表现为指示仪表中指示灯不良，或所有指示功能失常，一般需检修其供电线路及指示仪表电路板部分。

充电器

电动机故障多表现为有明显抖动故障、有异响、电动机不能启动等故障，对电动机的检修也较为复杂，而且对检修后的复原要求也较高，需要维修人员具备一定技能水平。

蓄电池不良，通常会异致电动自行车行驶里程明显缩短、电动车不启动、耗电量过快、充不进电或接通电源烧熔断器等。

闸把不良，通常会引起电动自行车制动功能失常、无法启动的故障。

充电器不良一般表现为无法充电、充电器的状态指示灯不良、显示异常等，一般也需要对其内部电路部分进行细致检查，需要对电路结构及基本的信号流程有一定的了解。

图2-9　电动自行车电气系统的故障特点

可以看出，电动自行车电气系统中，一种故障表现可能对应多种故障原因。因此，在对该部分进行检修时，首先要了解其关键部件之间的信号关系，掌握其各部件的功能特点以及工作原理，并对其常见的故障表现有充分的了解。当出现故障时，就可根据信号流程逐级排查，最终锁定并排除故障。

（1）电动机故障特点

电动机是电动自行车中的关键部件，主要实现将蓄电池的电能转化为驱动电动自行车车轮转动的机械能的过程。若电动机有故障，主要表现为电动机不转、行车过程中明显晃动、噪声大或有异响、电动机短时间内严重过热、爬坡困难不给力等，如图2-10所示。

（2）控制器故障特点

控制器是电动自行车电气系统的核心部分，电动机的启动、运转、加速、停止等状态都是由该部件控制的。控制器作为电动自行车整车的控制核心，其故障特点主要表现为调速控制失常、飞车、速度不稳、电动机不启动、整车不通电等，如图2-11所示。

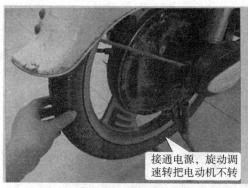

短时间行驶后电动机发热严重

接通电源，旋动调速转把电动机不转

图2-10　电动自行车电动机的故障特点

三端稳压器是控制器内部供电电路中的主要部件，它将蓄电池送来的供电电压转换为控制器内部部件所需的直流工作电压，若该部件损坏通常会导致整个控制器不工作，无电压输出，进而引起电动自行车整车不通电，电动车不启动的故障。

功率管是控制器内的易损部件之一，是驱动电路部分的核心元件，当其损坏，控制器将无法正常输出控制信号，引起电动车飞车、调速控制失常、速度不稳定、电动机不启动等故障，一般若怀疑控制器内部故障时，功率管是检修的重点部分。

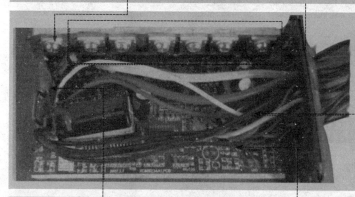

控制器中红、黑色粗引线是控制器与蓄电池连接的供电引线，一般直将引线焊接在电路板上，若控制器整个元电压输入时，应重点检查该引线焊点是否正常。

限流电阻用于控制器中的过压保护电吃点，该电阻器损坏将导致蓄电池送入的电压无法为控制器供电，将导致控制器不工作，电动自行车的所有控制功能失常。在检修时，对于控制器完全无输出的故障。稳压和供电部分的元件应重点检测。

控制芯片是控制器中的核心部件，控制器输出的所有控制信号均与该芯片有关，当其内部不良或损坏，将引起电动自行车部分或所有控制功能失常、控制器无电压输出、电动机无法启动等故障，若该芯片损坏无法修复，需要用同型号芯片进行替换。

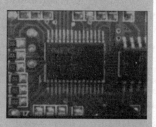

图2-11　电动自行车控制器的故障特点

（3）蓄电池故障特点

蓄电池是电动自行车的重要组成部件，主要作用是为电动自行车各工作部件提供工作电压。其故障特点主要表现为电池漏电、电池充不进电、电池变形、充满电后使用时间明显缩短、电池自放电严重等，如图2-12所示。

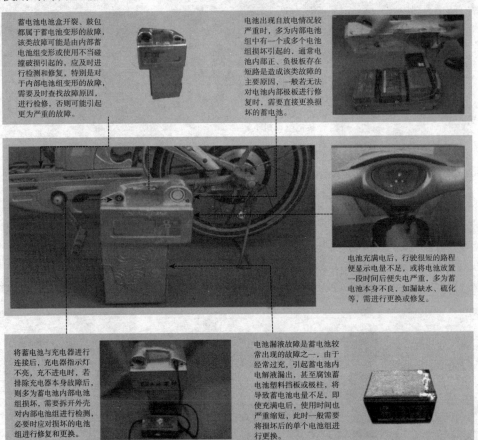

蓄电池电池盒开裂、鼓包部属于蓄电池变形的故障，该类故障可能是由内部蓄电池组变形或使用不当碰撞破损引起的，应及时进行检测和修复，特别是对于内部电池组变形的故障，需要及时查找故障原因，进行检修，否则可能引起更为严重的故障。

电池出现自放电情况较严重时，多为内部电池组中有一个或多个电池组损坏引起的，通常电池内部正、负极板存在短路是造成该类故障的主要原因，一般若无法对电池内部极板进行修复时，需要直接更换损坏的蓄电池。

电池充满电后，行驶很短的路程便显示电量不足，或将电池放置一段时间后便失电严重，多为蓄电池本身不良，如漏缺水、硫化等，需进行更换或修复。

将蓄电池与充电器进行连接后，充电器指示灯不亮，充不进电时，若排除充电器本身故障后，则多为蓄电池内部电池组损坏，需要拆开外壳对内部电池组进行检测，必要时应对损坏的电池组进行修复和更换。

电池漏液故障是蓄电池较常出现的故障之一，由于经常过充，引起蓄电池内电解液漏出，甚至腐蚀蓄电池塑料挡板或极柱，将导致蓄电池电量不足，即使充满电后，使用时间也严重缩短，此时一般需要将损坏后的单个电池组进行更换。

图2-12　电动自行车蓄电池的故障特点

（4）充电器故障特点

充电器主要是将220 V交流电压转换为36 V或48 V的直流充电电压，从而为电动自行车蓄电池输送能量，因此充电器的好坏直接影响电动自行车蓄电池的使用寿命和工作时间。蓄电池的故障特点主要表现为电源指示灯和充电指示灯不亮、工作时有异常响声、充不进电，电源和状态指示灯发暗且闪烁、输出电压偏高或偏低、无电压输出、充电时发热严重、通电烧保险等，如图2-13所示。

（5）指示灯及仪表盘部分故障特点

电动自行车的电气部分除了上述的四大件外，还包括仪表盘、转向灯、喇叭等部分，该部分的故障特点主要表现为转向灯不亮、电喇叭不响、仪表盘无显示等。

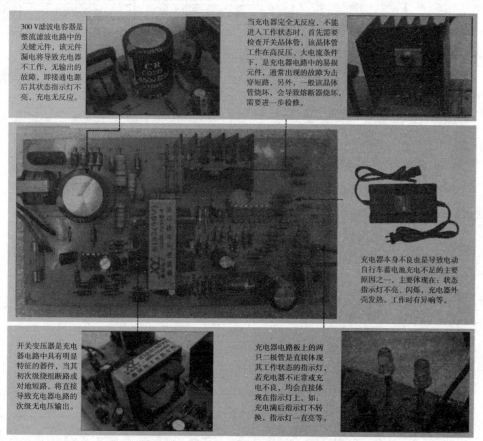

300 V滤波电容器是整流滤波电路中的关键元件，该元件漏电将导致充电器不工作，无输出的故障，即接通电源后其状态指示灯不亮，充电无反应。

当充电器完全无反应，不能进入工作状态时，首先需要检查开关晶体管，该晶体管工作在高反压、大电流条件下，是充电器电路中的易损元件，通常出现的故障为击穿短路，另外，一般该晶体管烧毁，会导致熔断器烧坏，需要进一步检修。

充电器本身不良也是导致电动自行车蓄电池充电不足的主要原因之一，主要体现在：状态指示灯不亮、闪烁，充电器外壳发热，工作时有异响等。

开关变压器是充电器电路中具有明显特征的器件，当其初次级绕组断路或对地短路，将直接导致充电器电路的次级无电压输出。

充电器电路板上的两只二极管是直接体现其工作状态的指示灯，若充电器不正常或充电不良，均会直接体现在指示灯上，如：充电满后指示灯不转换，指示灯一直亮等。

图2-13 电动自行车充电器的故障特点

第二节 电动自行车故障的分析与排查方法

一、电动自行车故障的分析

对电动自行车进行检修前，应根据电动自行车的故障表现进行分析，列出可能产生故障的部位，以便于对其进行检修。

1. 不能启动

电动自行车出现不能启动的故障，通常表现为整个电动自行车无反应和仪表盘指示灯亮而电动机不转两种情况。其故障分析及故障排除如图2-14所示。

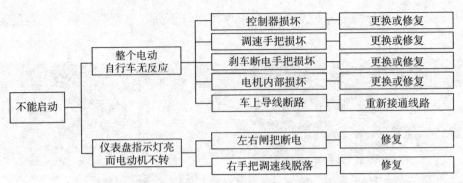

图2-14　电动自行车不能启动的故障分析及故障排除

2. 能启动但不能正常工作

电动自行车出现能启动但不能正常工作的故障，通常表现为行程短速度慢、熄火停转、抖动、骑行沉重等情况。

（1）行程短速度慢

电动自行车出现行程短速度慢的故障，其故障分析及故障排除如图2-15所示。

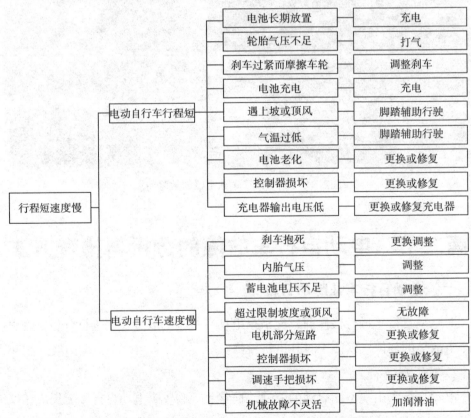

图2-15　电动自行车行程短速度慢的故障分析及故障排除

（2）熄火停转

电动自行车出现熄火停转的故障，其故障分析及故障排除如图2-16所示。

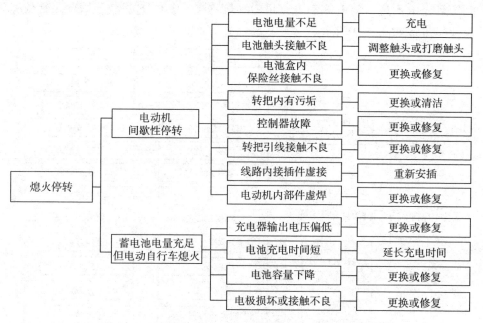

图2-16　电动自行车熄火停转的故障分析及故障排除

（3）车身抖动

电动自行车出现车身抖动的故障，其故障分析及故障排除如图2-17所示。

图2-17　电动自行车车身抖动的故障分析及故障排除

（4）骑行沉重

电动自行车出现骑行沉重的故障，其故障分析及故障排除如图2-18所示。

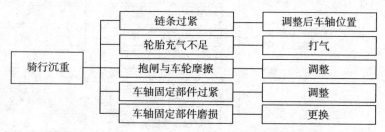

图2-18　电动自行车骑行沉重的故障分析及故障排除

3. 电池及充电障碍

电动自行车出现电池及充电障碍，通常表现为蓄电池不能充电、蓄电池充电时间短且充电不足、蓄电池充电充足但绿灯不亮、蓄电池漏液等情况。其故障分析及故障排除如图2-19所示。

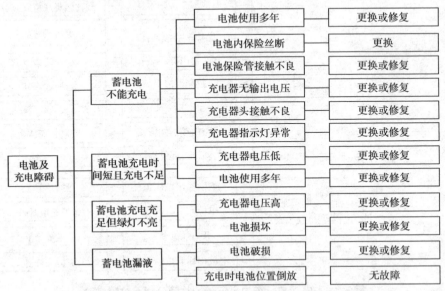

图2-19 电动自行车电池及充电障碍的故障分析及故障排除

4. 仪表盘指示故障

电动自行车出现仪表盘指示故障，通常表现为仪表盘的指示灯不亮电动机不转、仪表盘的指示灯不亮电动机正常等情况。其故障分析及故障排除如图2-20所示。

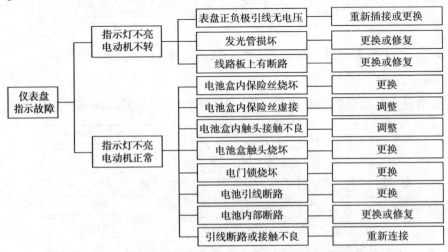

图2-20 电动自行车仪表盘指示的故障分析及故障排除

5. 不受控

电动自行车出现不受控故障，通常表现为打开电源电动机立即转动、机械部件异常、电声部件异常、灯具异常等情况。

（1）打开电源电动机立即转动

电动自行车出现打开电源电动机立即转动的故障，其故障分析及故障排除如图2-21所示。

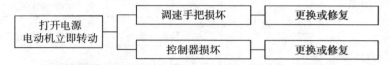

图2-21　电动自行车打开电源电动机立即转动的故障分析及故障排除

（2）机械部件异常

电动自行车出现机械部件异常的故障，其故障分析及故障排除如图2-22所示。

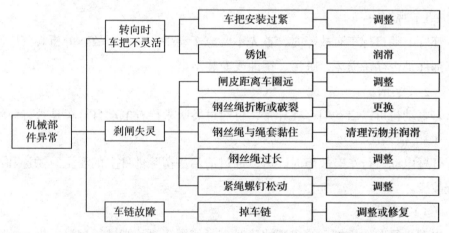

图2-22　电动自行车机械部件异常的故障分析及故障排除

（3）电声部件异常

电动自行车出现电声部件的故障，其故障分析及故障排除如图2-23所示。

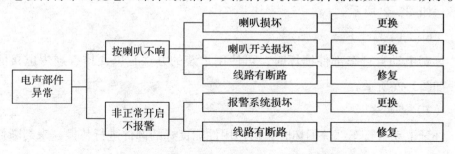

图2-23　电动自行车电声部件的故障分析及故障排除

（4）灯具异常

电动自行车出现灯具异常的故障，其故障分析及故障排除如图2-24所示。

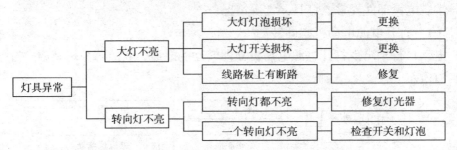

图2-24　电动自行车灯具异常的故障分析及故障排除

二、电动自行车故障的排查方法

在对电动自行车的故障进行排查时，常用的方法有以下几种：

（1）观察法

怀疑电动自行车有故障时，首先不要急于动手，应根据故障分析观察电动自行车部件是否存在损坏、脏污、锈蚀或安装不当。

（2）聆听法

若电动机可以启动但存在异常，可通过聆听来检查电动自行车是否有声响。

（3）清洁法

怀疑电动自行车有故障时，可以通过清洁法清除部件上的泥土、锈迹和油污排查故障。

（4）润滑法

电动自行车的机械系统出现故障时，可使用润滑油脂进行润滑以排查故障。

（5）检测法

电动自行车的电气系统出现故障时，可使用万用表、电瓶检测仪检测以排查故障，如图2-25所示。

（6）重装法

怀疑电动自行车部件损坏时，可使用重装的办法，以便排查虚焊虚接的故障，如图2-26所示。

（7）替换法

怀疑电动自行车部件损坏时，可使用性能良好的部件进行替换，来判断怀疑部件的好坏，如图2-27所示。

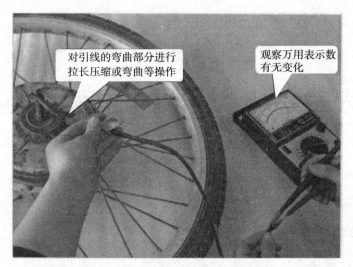

对引线的弯曲部分进行拉长压缩或弯曲等操作

观察万用表示数有无变化

图2-25 检测法排查电动自行车故障

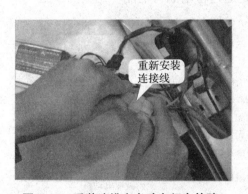

重新安装连接线

图2-26 重装法排查电动自行车故障

使用性能良好的元件替换

图2-27 替换法排查电动自行车故障

第三章 电动机结构原理与维修

第一节 电动机的结构原理

一、电动机的分类与型号编制

1. 电动机的分类

电动机是驱动车轮旋转的动力源，它是通过蓄电池将电能转化成机械能，驱动电动自行车车轮转动的部件。电动机的分类如图3-1所示。

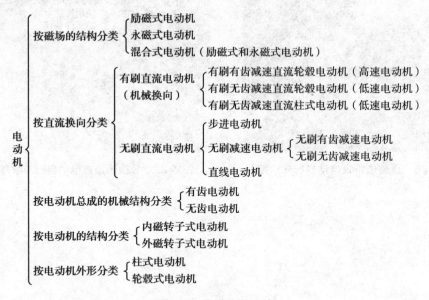

图3-1 电动机的分类

按照电动机的通电形式来分，可分为有刷电动机和无刷电动机两大类；按照电动机总成的机械结构来分，一般分为"有齿"（电动机转速高，需要经过齿轮减速）和"无齿"（电动机转矩输出不经过任何减速）两大类。

有刷有齿电动机和无刷有齿电动机又称高速电动机，有刷无齿电动机和无刷无齿电动机又称低速电动机；轮毂电动机又分为有刷轮毂电动机和无刷轮毂电动机。

小提示

①高速有刷轮毂式电动机属于内转子电动机，由内置高速有刷电动机机芯、减速齿轮组、超越离合器、轮毂端盖等部件组成。高速有刷电动机通过变速齿轮装置进行减速后输出动力，效率高，过载爬坡能力强，启动转矩大，缺点是有噪声。

②高速无刷有齿轮毂电动机属于内转子电动机，由内置高速无刷电动机机芯、行星摩擦滚子、超越离合器、输出法兰、端盖、轮毂外壳等部件组成。高速无刷电动机通过变速齿轮装置进行减速后输出动力，电动机效率高，过载爬坡能力强，起动转矩大，但控制器复杂。

③低速有刷无齿轮毂式电动机属于外转子电动机，由电刷、换向器、电动机转子、电动机定子、电动机轴、电动机端盖、轴承等部件组成。低速有刷电动机无减速齿轮装置，结构简单，成本低，具有免维护、无噪声的优点，缺点是起步上坡过载爬坡能力差，启动电流大，耗电量大。

④低速无刷无齿轮毂式电动机属于外转子电动机。由电动机转子、电动机定子、电动机轴、电动机端盖、轴承等部件组成。低速无刷电动机由霍尔元件进行电子换向，无噪声，较省电。

2. 电动机的型号编制

电动自行车电动机的型号命名按国家标准，由机座号、电动机型式代号、性能参数代号和派生代号组成。其中机座号以机壳外径（单位为mm）表示；电动机型式代号用大写汉语拼音字母表示；性能参数代号用三位阿拉伯数字表示；派生代号用大写汉语拼音字母表示。电动机的命名标准如下：

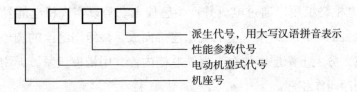

其中，电动机型式代号的含义见表3-1。

表3-1　电动机型式代号的含义

代号	含义	代号	含义
Z	有刷直流电动机	YC	永磁同步电动机
ZW	无刷直流电动机	YX	三相异步电动机（高效率）
KC	开关磁阻电动机		

二、电动机的组成与工作原理

1. 有刷电动机的组成与工作原理

有刷电动机主要由定子、转子、炭刷、磁钢和换向器等组成，如图3-2所示。

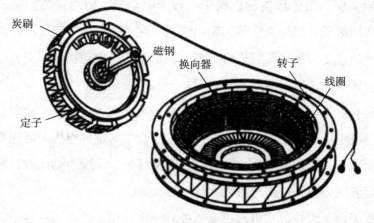

图3-2　有刷电动机结构图

（1）有刷（或无刷）电动机工作时不转动的部分叫作定子，轮毂式有刷（或无刷）无齿电动机的电动机轴也叫定子，这种电动机又称为定子电动机。有刷或无刷直流电动机的转动部分称为转子，又称为电枢，轮毂式有刷或无刷无齿电动机的外壳也叫转子，此种电动机又称为外转子电动机。定子和转子只是相对而言的。转子一般采用钢件车制，其内壁贴有永磁材料，电动自行车用的直流无刷电动机的转子，通常贴有16块高效稀土磁铁。转子部分主要由电枢铁芯、电枢绕组、换向器、转轴、轴承和风扇等组成。

（2）电枢绕组用以通过电流并产生感应电动势以实现机电能量转换。它主要由一定数目的电枢绕组按一定的规律连接而成，绕组用绝缘的圆形或矩形截面的导线绕成，分上下两层嵌放在电枢铁芯槽内，并用槽楔压紧。无刷电动机内绕组的排列顺序叫作相序。

（3）电刷装置的作用是把直流电压、直流电流引入或引出。它主要由电刷、刷握和导电铜丝等组成。电刷是石墨或金属石墨组成的导电块，放在刷把内压紧弹簧以一定的压力安放在换向器的表面，旋转时与换向器表面形成滑动接触。刷握用螺钉夹紧在刷杆上。

在有刷电动机转动时，通过换向器把电能传送给绕组。其主要成分是炭；刷握就是有刷电动机内盛装并固定电刷的槽，电刷易磨损，应定期维护更换，并清理积炭。

换向器是在有刷电动机转子转动时，相互绝缘的条状金属交替接触电刷正、负极，使电流方向交替转换，从而使有刷电动机绕组换向。

无刷电动机的换向是靠控制器来完成的，而有刷电动机的换向则由换向器和电刷共同完成。其作用是将电刷上所通过的直流电流转换为绕组内的交变电流，或将绕组内的交变电动势转换为电刷端上的直流电动势。

2. 直流电动机的工作原理

当电动机接通电源，直流电通过换向器输入绕组（在转子上）时，绕组两端分别与两个换向器相连，电刷不断地接触和断开换向片。随着电枢的转动，换向片将外界的直流电不断地中断和连接，并送入不同的绕组，使电动机绕组得到的不是方向不变的直流电，而是不断改变方向的类似交流电。

绕组电流的大小和方向不断地变化，于是在转子绕组中产生交变磁场，转子在交变磁场的作用下旋转。

转矩的大小与磁场的磁通及通过电枢电流的大小成正比。如果要改变电动机的旋转方向，可将磁场（或电枢）正、负接头反接，使磁场正、负极相反（或电枢电流方向相反），即可改变电动机的旋转方向。

3. 无刷直流电动机的组成与工作原理

（1）无刷电动机的组成

无刷直流电动机由转子和定子两大部分组成，如图3-3所示。

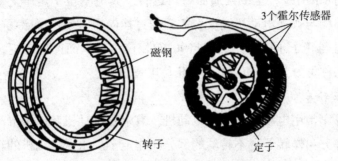

图3-3　无刷直流电动机的组成

（2）无刷直流电动机的工作原理

无刷直流电动机采用方波自控式永磁同步电动机，以霍尔传感器取代电刷换向器，霍尔传感器的信号线传递电动机里面磁钢相对于绕组线圈的位置，根据3个霍尔传感器的信号能知道此时应该怎样给电动机的线圈供电（不同的霍尔信号，应该给电动机绕组提供相对应方向的电流），也就是说霍尔传感器状态不一样，线圈的电流方向不一样。

霍尔信号传递给控制器，控制器通过粗线（不是霍尔线）给电动机绕组供电，电动机旋转，磁钢与绕组（准确地说是缠在定子上的线圈，其实霍尔一般安装在定子上）发生转动，霍尔传感器感应出新的位置信号，控制器粗线又给重新改变电流方向的电动机绕组供电，电动机继续旋转（当绕组和磁钢的位置发生变化时，绕组必须对应地改变电流方向，这样电动机才能继续向一个方向运动，否则电动机就会在某一个位置左右摆动，而不是连续旋转），这个过程就是电子换向。

无刷直流电动机由直流电源供电，借助位置传感器来检测转子的位置，所检测出的信号触发相应的电子换相线路，以实现无接触式换相。

无刷直流电动机用电子开关和位置传感器代替电刷及换向器，将直流电转换成模拟三相交流电，通过调制脉宽，改变其电流大小来改变转速。

【技术指导】

有刷电动机和无刷电动机的区别

由于有刷电动机和无刷电动机的通电原理不一样，所以其内部结构也不一样。

有刷电动机一般只有两根引线，通过换向器和电刷不断改变电枢绕组中电流的方向，使磁场方向始终保持互相垂直而产生恒定的转矩来驱动电动机旋转。而无刷电动机有8条引线，全部接通后方可运转。其电枢位于定子上，而转子作为永磁体，其结构与普通电动机相反，需要通过换向通电使定子磁场随转子的位置不断改变，且与转子永磁场始终保持90°的相位角，从而产生转矩，推动转子旋转。按霍尔组件可分为60°和120°两种相位电动机。

4. 电动三轮车的电动机

电动三轮车常用电动机是直流电动机，有永磁电动机和串励电动机两类。电动机旋转的部分叫作转子，不转动的部分叫作定子。永磁电动机的转子或者定子有一个是永久磁铁，另一个则是漆包线绕制的线包。

（1）差速电动机的结构

差速电动机由原动力电动机、传动齿轮副、齿轮箱体及差速器所构成。其中原动力电动机由定转子、磁钢、线束、霍尔电动机、电动机盖、高温导线组成。差速器由两个行星锥齿轮行星锥齿轮轴、两个半轴锥齿轮、差速器壳、行星齿轮球面减摩垫片、半轴锥齿轮减摩垫片等组成。

（2）差速电动机的特点

差速电动机的外形如图3-4所示，其特点如下：

图3-4　差速电动机的外形

①采用汽车技术，全齿轮传动，结构紧凑、轻巧，安装拆卸简单方便。

②双轮驱动，整机输出扭矩大，负载能力强，爬坡性能好。

③双刹车性能，刹车稳定，电动机具有双向滑行功能，可脚踏骑行，大大增加续行里程。

④差速电动机内部采用全机油润滑及冷却，工作温度在50 ℃~60 ℃，确保磁钢永不退磁。

⑤差速电动机根据汽车转向原理设计，使电动三轮车转向轻巧、灵活，抗侧倾能力强。

⑥与同类电动机相比，节电30%，超低噪声。

三、电动机的识别

1. 电动机的引线

电动机的连接是保证其正常工作，接受控制器正确控制的基础。其引线分为有刷电动机引线和无刷电动机引线两种。

（1）有刷电动机引线

有刷电动机有红、黑两条较粗的引线，如图3-5所示。其中红线接电动机的正极，黑线接电动机的负极。接错线时电动机会出现反转，但不会损坏电动机，此时，只需将红、黑引线交换一下位置就可使电动机恢复正常工作。

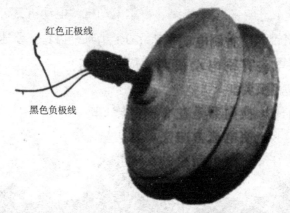

红色正极线

黑色负极线

图3-5 有刷电动机的引线

（2）无刷电动机接线

无刷电动机的引线较多，一般有3条电动机线圈引线、3条霍尔信号线和2条霍尔电源线，如图3-6所示。

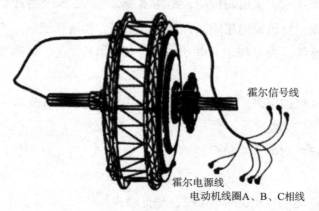

霍尔信号线

霍尔电源线
电动机线圈A、B、C相线

图3-6 无刷电动机的引线

无刷电动机的各个线圈在一个通电周期里，线圈内部电流方向改变的角度就是无刷电动机的相位角。电动自行车电动机常用的相位角有120°和60°两种。60°或120°相位角的无刷电动机，需要由与其对应的60°和120°相位角的无刷控制器来驱动，相位角不同的控制器不能直接互换。

2. 无刷电动机相位角的识别

无刷电动机相位角的判断有观察霍尔元件和测量电动机夹角两种方法。

（1）通过霍尔元件的安装位置进行判断

无刷电动机有3个霍尔元件肩负着告知控制器何时改变电流方向的任务。不同的相位角，安装霍尔元件的位置有所不同。一般情况60°相位角的3个霍尔元件应平行放置；120°相位角的3个霍尔元件也应平行放置，但中间一个霍尔元件呈翻转状态，如图3-7所示。

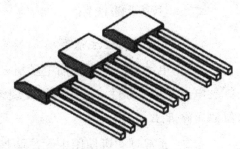

(a) 60°无刷电动机霍尔元件　　　　　　　　(b) 120°无刷电动机霍尔元件

图3-7　霍尔元件的排列

（2）测量无刷电动机的相位角

无刷电动机的磁钢和定子槽是成对应关系的。磁钢数量一般为12片、16片、18片，它们分别对应的槽数为36槽、48槽、54槽，电动机的最小磁拉力角也分别为360℃/36、360℃/48、360℃/54。

无刷电动机有3条霍尔引出线，分别为公共霍尔电源的正极和负极，A、B、C相为霍尔输出。将无刷电动机3条霍尔引出线与控制器连接起来，打开电源开关，由控制器给霍尔元件供电，可以检测无刷电动机的相位角。具体方法为，将万用表挡位开关调至+5 V直流电压挡，然后将红表笔接+5 V线，黑表笔分别测量两条引出线的高、低电压情况，并记录下3条引出线的高、低电压值。稍转一个最小磁拉力角度，再次测量并记录下霍尔引出线的高、低电压值，重复6次。用1表示高电位，用0表示低电位。

直流无刷电动机和直流无刷控制器要倒出正确的相序。将电动机引线和控制器上相对应的线插接好，而3条电动机霍尔相线（细线）与3条电动机线（粗线）对控制器的接法共有36种，最简单的方法是每种状态逐一试验。换接时可以不断试验，但要仔细并按一定程序，每次拧转把的幅度不要太大（否则有损控制器）。若电动机转动时抖动或噪声特别大，则表明该状态下接线是错误的。若电动机出现反转情况，则在知道控制器相序的情况下，把控制器霍尔相线A、C互换，电动机线A相与B相也互换，就可变为正转了。

第二节　电动机的使用与维护

一、电动机的使用

1. 使用电动机应注意事项

（1）电动自行车出售前电动机已安装调试到最佳状态，在使用中不要随意拆装电器及相关部件。使用时如发现传动部件有异响、通电不工作时，应请专业维修店修理。

（2）通常电动机使用中无须调整或保养，只需进行一些表面除尘等清洁工作。切勿随意在传动部件上添加润滑油。

（3）电动自行车骑行达500小时（里程达1 000 km），轮毂内齿轮磨损或断裂或轮毂电动机引出线折断时，应卸下后轮，打开轮毂端盖，拿出齿轮减速部件部分，用0号煤油清洗油污后，加上新油脂，将其装好。若电动机损坏，则应维修。

（4）当行驶里程达到2 000 km后，应到专业维修站进行维修，检查电动机内电刷、减速机构的磨损状态以及更换系统润滑油等。

（5）日常使用时，应检查电动轮毂后叉的紧固件、螺母是否松动等。

（6）下雨天行驶在积水路面，在积水深度不超过电动轮毂中心的情况下能正常行驶；如果路面积水深度超过电动轮毂中心，将可能使电动机渗水而造成电动机故障。

（7）电动自行车设计标准载荷为75 kg，当载荷超过90 kg后电动机将会受到损害。

（8）尽量防止电动机静止启动。启动时应缓慢加速，最好先人力骑行起来再启动电动机，以免因静止启动电流过大，影响电动机的使用寿命。

（9）爬坡、上桥、逆风行驶时，蓄电池供电电流过大会影响电动机的寿命，最好用人力辅助骑行，用脚踏骑行到一定速度后再电动加速。

2. 货运电动三轮车串励电动机的使用

货运电动三轮车一般使用的串励电动机又叫串激电动机，它的定子和转子分别采用了绕组，并且两个绕组串联使用，没有磁铁。串励电动机和控制器连接有两条线。货运电动三轮车串励电动机如图3-8所示。

图3-8 货运电动三轮车串励电动机

（1）安装前应先检查电动机的运行方向。

（2）电动机不准空载运转，且应保持其外部环境清洁，气流干燥畅通。

（3）应保持换向器表面光洁，电刷接触良好，电动机结实可靠并定期保养。

（4）运行1个月后，应打开后端盖，检查换向器，清除电刷上的粉末。

二、电动机的维护

1.电动机的日常维护

（1）当电动自行车处于人力脚踏骑行状态下，电动机是可以发电的，声光转向部件都可以工作，在市内交通繁忙路段应将电源关闭。

（2）日常使用中应注意不能进水、不能过载和不能超温。电动机进水会造成内部金属件的锈蚀和短路；过载则可能使磁钢退磁，造成电动机运转无力或无缘无故地空转飞车；电动机温度过高大都是由于过载和长时间大电流运行造成的，其危害较大，甚至会烧毁电动机。

（3）保持中速行驶。中速行驶时电流不是太大，额定电压为36 V，电动机电流为3~4 A，而此时电动机的效率却是最高的，能以较少的电量行驶最远的距离。这是保护电动机和省电的最好方式。

（4）电动自行车运行中，或休息、到达目的地，下车后用手触摸电动机的温度，若电动机外壳过热，说明运行电流太大。

（5）停车不使用期间，应当停放在没有雨淋和风沙灰尘的地方，防止电动机进水，避免沙尘的侵袭。

（6）经常检查电动机表面，如有污物、水汽，随时用抹布擦干净，保持清洁。经常检查电动机引出线路，随时将松散的线路绑扎牢固，防止刮碰磨损。

（7）骑行时应注意有刷电动机的声音，一旦有异响，表明炭刷或减速齿轮有问题，应尽快检查修理。

（8）无刷电动机运行中，可用手或身体感知电动机运行的脉动情况，脉动是无刷电动机独有的现象。若运行时脉冲变大或变慢，表明电动机或控制器电路有故障。

2. 电动机内齿轮的润滑

如果有刷或无刷有齿轮毂电动机运行的噪声开始变大，或者更换了电动机内的齿轮，应将齿轮所有齿面涂满润滑脂。一般使用3号润滑脂或厂家指定的润滑油。

第三节 电动机的维修

一、电动机的检测

电动机的故障有机械故障与电气故障两大类，机械故障比较容易发现和修复，而电气故障则应通过检测其电压或电流才能进行诊断。

车用直流电动机的检测主要着重于性能方面，检测中发现问题，再进一步检测绕组、换向器、轴承以及转子和电枢中心偏斜率、气隙等。

电动自行车电动机一般性检测的内容主要有以下几个方面：

（1）检查电源连接是否正确。

（2）检查换向器是否偏心，电刷与换向器的接触面积是否正常，正常时换向器应占电刷截面积的75%以上，否则会造成接触不良而打火。

（3）检查电刷的弹力是否适当，电刷与刷握的装配是否正确，若弹力不够或位置不正确，均会造成电刷打火现象。

（4）检查绕组绝缘电阻是否合格，电动机的绝缘电阻一般在冷态（室温）下进行检测，再换算成热态（75℃），能满足要求即算合格，正常绝缘电阻在热态下应低于5 MΩ。

二、电动机维修应注意事项

1. 维修有刷电动机应注意事项

（1）打开电动机，注意不要摩擦线包，以免造成漆包线破坏。也不要用铁器击打磁钢，以免造成磁钢破裂。

（2）有刷电动机常见故障是电刷磨损，打开有刷电动机时，注意换向器与电刷的摩擦是否虚接，若虚接，则用砂纸摩擦换向器，使与电刷保持距离一样。

（3）电刷无正、负之分，但拆卸电动机引线时要记录电动机引线所接的接线柱，以防安装时弄错。

（4）更换电刷前，要对电动机内部的炭粉进行清洁，以防电动机电流过大；电刷外形一般为梯形，放入电刷盒时必须与电刷盒一致；更换电刷时所用新电刷的形状和尺寸必须与旧电刷一样。

（5）安装电刷时，电刷在电刷盒中应活动自如，电刷弹簧不可过弱或过强，若电刷过大，则可将电刷放在水泥地上磨，使其刚好放入电刷盒即可。

（6）粘接磁钢时，磁钢在电动机上按N→S顺序排列，不要粘错。具体操作可按同性相排斥、异性相吸引进行试验后粘接。

（7）粘接磁钢时，不可超出定子两侧，上部要与其他相邻磁钢高低一致，整齐排列。

（8）安装电动机时，必须在边盖周围均匀涂密封胶，以防进水或边盖松动。

2. 维修无刷电动机应注意事项

无刷电动机采用霍尔器件配合控制器来控制电动机的运转。霍尔器件耐压值较低，在电动机线圈漏电时容易被击穿，无刷电动机大部分故障都是霍尔器件引起的。因此在维修电动自行车时，经常遇到需要拆装霍尔器件的情况。

霍尔器件为精密器件，对其安装不当将直接影响到无刷电动机的运行性能。维修无刷电动机除按照有刷电动机规程操作外，还应注意以下事项：

（1）更换霍尔器件前，应检查电动机线是否存在缠绕、外皮破损、短路等现象。

（2）更换霍尔器件前，还要弄清电动机的相位代数角是多少度，因为相位角不同，安放的方式也不一样，如60°相位电动机的3个霍尔器件是平行摆放的，而120°相位电动机的3个霍尔器件则是180°位置摆放。安装时应按原装霍尔器件安装方式将新霍尔器件装上，然后用专用胶水固定。

（3）为保证电动机换相位置的精确，霍尔器件损坏时一般应同时更换所有的3个霍尔器件。

（4）焊接时，应选用低压小功率（12 V/35 W）电烙铁，拆一下换一个，记住3个接线要正确。且电烙铁温度不宜过高，焊接时间不能太长。

（5）焊接霍尔器件时，应先分别在霍尔器件引脚和接线头上放适量焊锡，然后套上热缩管再对接焊上，焊点宜小不宜大。焊接完毕后，对热缩管进行加热，防止短路现象。

（6）在拆装霍尔器件操作过程中，严禁将电动机大线与小线接触。

（7）安装霍尔器件时注意防静电，一般霍尔器件的引脚定位方法是将有标记的一面朝向自己，（左）电源正，（中）接地，（右）信号输出。

（8）最后装好电动机，用配线仪检测霍尔器件是否反应正常。

【技术指导】

无刷电动机霍尔器件常用开关型，在线检测时，主要检验霍尔信号的变化是否正确。一般为高低电压轮流变化，变化次数为磁钢数目的一半。用电动自行车综合检测仪检测可发现，各线的变化是有规律的6次循环。对于120°的电动机变化是100→110→010→011→001→101；对于60°的电动机变化应是100→110→111→011→001→000。其中1表示高电位，0表示低电位。

三、电动机维修方法

1. 有刷电动机换向器的更换

更换换向器时，首先将电动机端盖的螺钉拧出，取下端盖，露出线圈及换向器。用电烙铁将线圈与换向器片的连接处全部焊开，取出换向器。

取一个新的换向器，用电烙铁、焊药、焊锡丝将所有线圈出头与换向器片对应焊接在一起。焊好后检查焊点是否接触良好，应无短路。最后将导线整理好，扣上端盖，拧紧螺钉。

2. 电动机的电刷的更换

更换电动机电刷时，首先应将旧电刷的接线片从电刷小辫线处剪断。然后分别将两个新电刷的小辫线穿上弹簧后穿进刷盒里边，再分别焊上两个接线片。最后将刷架用螺钉固定在电动机定子上即可。

更换炭刷后，在磨合期，要减负荷运行，以降低炭刷和炭刷架的温度。

更换炭刷时，不仅要注意炭刷和刷握（也叫炭刷架）的配合，更要注意炭刷架的位置。一般空载时，轮毂电动机用五号蓄电池就可以估测出位置是否正确。

3. 电动机的轴承的更换

电动机的轴承有两个，分别安装在左、右端盖内，电动机轴从轴承中穿过，轴承的作用是使转子旋转并在转子与定子间产生一定的气隙。电动机转子与定子的气隙一般为0.25～0.40 mm。

电动机的轴承常见型号包括6000、6001、6002、6003、6004、6200、6201、6202、6203等。

更换电动机轴承，可用拉力器专用工具。将旧轴承从电动机的轴上取下，再将同样型号规格的轴承压装在相应的轴上。

4. 电动机的绝缘电阻的检测

对于由于电动机进水造成的绝缘下降，可将万用表设置于200 MΩ电阻挡，检测电动机相线与轴间的电阻，正常应为如表显示数值，可将电动机拆开放水后，用吹风机或太阳晒的方法使其干燥，然后再测电阻，直至正常。用判别方法检查传感器，如有损坏，则予以更换。

5. 有刷电动机换向器的维修

有刷电动机换向器的故障主要有电刷磨损、异响和火花等。

（1）有刷电动机换向器的电刷磨损

如果电动机电刷过软，有时进入硬杂物都会造成电刷和换向器磨损。磨损后产生火花，消耗电能，功率降低，有时甚至造成运行不稳。

电刷磨损达到原设计长度的一半、接触面积小于总面积的75%，就应当修理或更换。更换时不仅要注意电刷尺寸，还要选好硬度，否则换向片会很快被磨损，而换向片更换是比较麻烦的。电刷在更换前应当预磨一下，使电刷与换向片接触比较吻合，减少电耗和换向片磨损。

磨合的方法是把一块尺寸相当的细砂纸的砂面朝外，围裹在换向器周围，电刷进入刷握并放开弹簧，把电刷压在换向片外裹住的砂纸上面，用手慢慢转动电枢，使砂纸将电刷面磨成与换向器相同的形状，磨合时不要让炭粉落入绕组内。

（2）有刷电动机换向器的异响

电动机的异响声与弹簧过硬、电刷磨损、换向器片间绝缘片鼓出及电枢有突出物等有关。故障维修方法如下：

①调整电刷位置。改善电刷与换向器的接触，磨平电刷接触面。

②更换电刷或更换弹簧。

（3）有刷电动机换向器有火花和环火火花

是由于电刷和换向器接触不良，换向器或电刷磨损或是凝压力不足，接触面似接未接，造成电刷跳动而产生的。如果线圈或换向片短路严重、断路，以及电刷跳动严重，有时电流过大，都能造成火花接连不断，过多则成为连续，最终变成环火。

有刷电动机电刷出现火花的主要原因和维修方法如下：

①电动机换向器周围发生环火

a. 故障的主要原因：电刷位置不对；电刷太软；转子短路；主极与换向极极性顺序错误。

b. 维修方法：调整电刷位置；更换电刷；查找短路点，局部修复或更换转子；重新连接。

②负载时电动机电刷出现火花，负载增大时，火花也随之增大

a. 故障的主要原因：电刷位置不对；主极与换向极极性不对；换向极与主极间连接，以致换向极部分或全部被分流；换向极太弱或太强；电枢与个别或全部换向极的间隙太小或太大。

b. 维修方法：调整电刷位置；检查、纠正主极与换向极的顺序；用绝缘电阻表检查主极与换向极间的绝缘电阻，并做相应处理。

③电动自行车某极电刷下的火花较其他电极剧烈

a. 故障的主要原因：电刷距离不均匀；火花较剧烈处的主极发生短路；火花较剧烈处的换向极发生匝间连接或短路。

b. 维修方法：调整电刷位置；更换电刷；更换主极；更换换向极。

6. 有刷电动机短路的维修

电动机短路的主要原因有绕组的线圈短路、换向器的铜片之间短路。

绕组短路与换向片间短路的不同点是，绕组短路表现为电流大。

（1）电动机绕组线路短路

①对线圈圈数少、阻值小的绕组，用毫安表检测换向的电阻，将电动机接6 V交变电源，以产生感应电势，测笔检测相邻两个铜片间的电压，沿一个方向逐步移动。当测至相邻两铜片间电压异常地变低，与所有其他不同，说明与测笔连接的线圈就是短路点。

②当绕组使用细线且匝数较多、电阻值大时，可用万用表进行检测，检测方法如下：

a. 当绕组为波形绕法时，可以不打开电动机，将测笔接在电刷引线上，慢慢转动电枢，正常情况下所测电阻值应当一致。若发现某点异常，说明电刷接触的两个换向片就是短（断）路点。

b.当绕组为叠绕时，可用万用表两测笔检测相邻两换向片间的电阻，发现异常，即为短（断）路点。

③用开口变压器（又称短路测定器）测定短路点。检测时根据要测定的电枢尺寸和外径确定其形状和尺寸，根据电枢绕组确定变压器线圈数。柱式电动机的内转子电枢，有刷无齿轮传动轮毂电动机的外转子电枢和无刷电动机内定子电枢都可用这种方法测定短路点。

（2）电动机换向片短路

短路点在绕组外围容易处理，若在绕组内部则应视情况，重绕线圈或更换新电枢。

换向片短路，主要是由于换向片之间绝缘槽内积存磨损下来的炭粉铜屑，经反复运转压成密实的导电体，将相邻换向片短路。可用毛刷将换向器表面周围的炭粉清理干净，用一片与换向片间隔宽度相同的刮刀或钢锯条，仔细将槽内积存的炭粉积块刮除。一边刮一边用毛刷清理，对短路部分刮除后，再进行测试，直至所有短路部分解除为止。

【技术指导】

换向片与绕组的线圈是相连的，不焊开该点线圈，无法用万用表测出准确结果。无论是预先检测还是修整之后的检测，都应在与线圈断开状态下进行。处理完毕之后，还要将断开点的原来换向片重新焊接起来，恢复原状。

7. 霍尔传感器故障

霍尔传感器又称位置传感器，其故障主要是传感器脱落、霍尔集成电路失效和引线断开等。

（1）传感器一般都固定在电枢有引出线一端靠近磁钢的地方，若有脱落可用树脂将霍尔集成电路再次牢固粘贴在原来的地方即可。

（2）引线断开，重新焊接；如果引线是在集成电路齐根处断开，只能更换。

（3）霍尔集成电路失效。应先分清是电路内部还是工作电源故障，需要通过测定引脚电压来断定。具体测定方法如下：

传感器一般有3个引脚：第一个是电源正极；第二个是接地；第三个是状态输出脚。只要确定了正极和地极，剩下最后一个脚便是输出脚。打开控制器电源，使传感器能处于工作状态，找一块场强较高的磁钢，反复用N、S极接近传感器，用毫安表或信号测定仪测定输出极与地间信号变化。它的信号简单，只有"有"和"无"两种，即1和0。

若用S极或N极接近都没有任何信号，可确定霍尔集成电路失效，应当更换新的。有信号实际是高平有电压输出，输出电压在5 V以上。无信号输出低电平，无电压输出。

另外可能是无电源，检测电源和地间应有4.5 V以上的电压，否则，说明电源有故障。

注意，更换新传感器应和原传感器类型一致、型号一致，正反面方向也应当一致，以防引脚顺序弄错。

霍尔集成电路是矩形小方片，其中有一个角是缺角，焊开前只要认清缺角方向即可，另外它的3条引线的颜色也不一样，预先将颜色的顺序记清，再焊接时就不会错误。

8. 磁钢脱落

磁钢不能随意摔打和磕碰，以防止意外退磁。也不应当长时间使磁钢处于开放状态，应尽快处理并将电枢送回外壳内，使磁钢形成闭合回路，否则也会造成磁钢退磁。

磁钢脱落后，车轮每转一周，会出现一次金属摩擦声，对运行影响不大，只是速度减慢，耗电增大，但应及时进行修复。修复方法如下：

外磁转子内的磁钢N、S极是交替分布的，并且它们一个个是弧形薄片，不用辨别反正，只需辨别方向，按照原来做好的标记，粘贴得与其他磁钢平齐一致，不突出或移位，以保证电动机的气隙和机械尺寸不受影响。

在磁钢粘贴好并等待彻底硬结之前，最好将电枢暂时装入外壳内。

电动机的有些故障与控制器有密切关系，分析故障时，不能只局限在电动机本身上，还有电源问题、线路问题等。比如，调速手柄中的霍尔器件、磁钢也会脱落，霍尔器件线路断开等。

9. 电动机齿轮故障

电动机的齿轮损坏会造成电动机有噪声，严重时会造成电动机的定子卡死等。其维修方法是，打开电动机端盖后，检查齿轮是否缺润滑油或损坏。如果齿轮损坏，需去掉旧齿轮，更换新齿轮。

四、电动机互换

1. 电动机互换的原则

低速有刷电动机之间、高速有刷电动机之间、低速无刷电动机之间或高速无刷电动机之间能互换。但高速和低速电动机不能互换，即使都是有刷电动机，其速率不同，也不能互换，无刷电动机也如此。

这是因为低速与高速电动机之间在超过其额定功率运行时，电动机转速下降，低速电动机绕组反电动势下降较多，而高速电动机下降比较小。控制器限流保护值I与控制器输出电动垫Ei、绕组反电动势由公式$Ef=（Ei-Ef）/R$进行说明，式中，R是控制器电流采样电阻的阻值，其限值相当小，一般小于0.01 Ω。

因此若用低速电动机控制器驱动高速电动机，电动机负载加大时，$Ei-Ef$比原来要大，而电阻R相对较小，便会使控制器的限流保护值I增大，容易造成控制器及电池损坏。

【技术指导】

电动机按是否有齿轮减速机构，分为高速电动机和低速电动机。不管电动机是采用柱齿轮减速还是行星齿轮减速或是摩擦轮胎驱动，只要有齿轮减速机构，就称为高速电动机；相反，没有经过任何减速而直接输出转矩的轮毂电动机叫低速电动机。

减速比小于3的纯链条减速传动电动机应该算作低速电动机。

2. 电动机互换应注意事项

进行代换时，首先打开控制盒盖板，用专用工具取出电动机线铜片，将线夹去掉，抽出电动机线；再摘下电动自行车的链扣，取下链条；将后轮总成取出；再拧开后轮紧固螺钉，将其取出并安放好；将调链螺钉取出，沿凹点将飞轮和抱刹拆下，取出轮胎，最后取下电动机。

【技术指导】

链条链扣的开口方向应与链条运动方向相反，飞轮与链轮应在同一水平线上，链条松紧要适当。拆装电动机时其红、黑线不能触碰，且接线的线头不能接错，以免损坏控制器。安放轮圈时，轮辋端面圆跳动量和径向圆跳动量应控制在1 mm以内。

3. 电动机的代换方法

在应急情况时，可用高速电动机代换低速电动机，代换时一定要测试控制器的限流保护值，测试方法如下：

可用万用表20 A电流挡，将测笔与限流保护电阻串联，由控制器给电动机供电，并给电动机旋加负载至堵转，万用表的最大电流应为12~16 A。若电流大于

16 A，可微调限流比较电位器或更换阻值稍大的采样电阻；小于12 A，则相反。再测其电流，直至其限流保护值在12~16 A，方可代换。

第四节 电动机故障的诊断与排除

一、快速检测电动机故障

（1）打开电源，电动机空转时，检查是否有杂音，观察电动机的转速，如果不正常，说明电动机有故障。

（2）不通电，将电动机的相线短路，用手转动电动机，电动机应很重，如果电动机转动很轻且正常，说明电动机有故障。

（3）断开电动机的引线，用万用表的蜂鸣器挡测量其是否导通，通为好；不通则坏。

（4）对于有刷电动机，出现电动机转速低、电动机不运转的故障时，可以对电动机进行直接通电试转，如果电动机高速运转，说明电动机正常，否则说明电动机有故障。

（5）对于无刷电动机，用数字式万用表的蜂鸣器挡测量电动机的3条相线，应为导通状态，否则说明电动机的线圈有故障。

（6）对于无刷电动机，用数字式万用表的二极管挡检查3个霍尔元件的阻值是否正常。如果霍尔元件击穿损坏，其正、反向电阻为0 Ω。

【技术指导】

有刷电动机的故障主要有不启动、运转失常、过快、过慢、异响声、火花等。故障容易出现的部位是电刷、换向器、绕组、刷握、弹簧、有齿轮传动的齿轮减速系统、磁钢退磁和轴承等。

二、无刷电动机故障的快速诊断

判断无刷电动机是否有故障，最简单的办法是将无刷电动机的3条电源线并在一起短路，之后用手转动电动机。很费劲或转不动，说明电动机完好；若是3条线短路后能够转动或转动轻松自如，说明故障在绕组，要经过检测判断。

【技术指导】

无刷电动机的磁钢、绕组、霍尔器件和轴承等容易出现故障，无刷电动机不存在换向器故障，除霍尔传感器外，其他故障与有刷电动机基本相同。

电动机的有些故障与控制器有密切关系，分析故障时，不能只局限在电动机本身上，还有电源问题、线路问题等。如调速手柄中的霍尔器件、磁钢也会脱落，霍尔器件线路断开等。

三、电动自行车调速转把转不动

调速手柄的故障主要是手柄内的霍尔器件或磁钢脱落，霍尔器件线路开断。调速手柄的故障比电动机内部的故障多，而且经常没有任何手感或声音异常，在电动机控制异常情况下，应当考虑调速手柄。它不属于电动机故障，但经常与电动机故障查找联系在一起。其故障的维修方法如下：

（1）首先将手柄与控制器间插接件拔下，将手柄固定螺钉拧松，将手柄从车把上退下来。

（2）打开手把自身螺钉，卸下把套。卸时应记住把套内部件的位置，尤其是复位弹簧。

（3）检查磁钢和霍尔器是否脱落和移位，如果没有任何变化，可原封装回。若有脱落，可用树脂粘贴牢固。

（4）断线是极易发生的，将断线重新连接即可。但要注意线的长度不能影响与控制器相接。

如果线是从霍尔器件的根部断开，必须换一个同型号的霍尔器件。在粘接新器件前，注意缺角方位应与原来一致，3条引线按原来顺序焊进插接件上。

四、电动机内部电流过大

电动机内部电流过大，将造成电动机过热，造成电动机的损坏。其故障的原因及排除方法如下：

（1）蓄电池正、负极之间有短路，则应排除。

（2）电动机的磁钢发生偏离，应重新粘接。

（3）炭刷间的间隙不均匀，应调整炭刷间隙。

（4）线圈匝间短路，重新换线。

（5）换向器片短路，清理打磨换向器片。

（6）轴与轴承之间配合过紧，应研磨轴。

（7）电动自行车零启动时，应减少负载，人力协助。

（8）负载大或行驶阻力大时，减少负载或采取人力协助。

一般电动自行车用电动机功率大多在150~180 W，采用36 V/24 V蓄电池供电，正常工作时，额定电流在5.5~5 A（36 V电动机）或6.25~7.5 A（24 V电动机）。短时间工作电流可达8 A（10 A），当电动机停止转动时，瞬间电流可达13~15 A。

五、电动机空载电流过大

判断电动机空载电流是否过大的方法是，将万用表设置在直流20 A挡位，红、黑测笔串入控制器电源输入端。打开电源锁开关，电动机不转时，记录此时最大电流值，转动转把，使电动机运转10秒，稳定后，记下此时的电流最大值。两值之差即是电动机的空载电流。如超出规定值（表3-2），则说明电动机的空载电流过大。

表3-2　电动机空载电流

额定电压	侧挂电动机空载电流/A	高速有刷电动机空载电流/A	低速有刷电动机空载电流/A	高速无刷电动机空载电流/A	低速无刷电动机空载电流/A
24 V	2.20	1.70	1.00	1.70	1.00
36 V	1.80	1.00	0.60	0.60	0.60

空载电流过大的主要原因是，电动机内部机械摩擦过大；绕组局部短路；磁钢退磁；直流电动机换向器积炭。

根据上述不同的原因进行维修，更换损坏的元件，故障即可排除。

六、电动自行车接通电源后电动机不转

出现此故障的原因主要是，蓄电池接线松动；控制器电源线脱落；电动机插头松脱或受损；调速手柄或制动断电开关不良。

（1）首先应检查仪表盘指示灯。若仪表盘指示灯不亮，则应用50 V万用表检测蓄电池的输出电压是否正常。若显示电压不正常，应检查电源盒内蓄电池连接导线是否断裂、松脱；若正常，则应检查电源锁连接导线是否断裂或接触不良，以及开关是否损坏。

若仪表盘指示灯亮，可直接检查蓄电池与轮毂的连接线，再检测控制器。

（2）接通电源，电动机不转，先打开电源锁，若电量显示正常，检测控制器输入36 V电压，输出5 V电压是否正常；若不正常，再输入36 V电源，若电压较低或无电压，则应检查熔断器、电源锁、蓄电池盒输出的触头，电源线接头是否接触不良。

（3）经检查各项正常，应打开蓄电池盒，检查蓄电池是否变形、漏液，内部接线是否可靠；若输出的5 V电源不正常，则拧开转把；若仍然不正常，大多是控制器有故障。

（4）若5 V电源正常、转动转把能输出1~5.5 V电压，说明转把正常；否则，应更换转把。

（5）若转把电源正常，但电动机不转，应检查闸把。它有机械开关式和电子开关式两种。对于机械闸把，检测两条引线之间的电阻，在正常与制动状态下，电阻应在0~∞变化，否则说明闸把有故障。

（6）对于电子闸把，应先检测工作电源（5~15 V）是否正常，若正常，检测信号输出端在正常与制动时的电压，一般应在0~5 V或0~15 V变动，否则说明闸把损坏。

（7）有刷轮毂出现电动机连接线断路、电刷与换向片损坏等故障时，轮毂不会转动；而无刷轮毂可用电动自行车检测仪检测3个开关霍尔组件。

更换上述损坏的元件，故障即可排除。

七、电动自行车有刷轮毂电动机不能启动

电动自行车有刷轮毂电动机不能启动的常见原因主要有：励磁电路断路；电枢电路断路；启动电阻连接错误；负载反抗转矩大；励磁电路电阻高；励磁线接地；励磁绕组对其他绕组短路；电枢绕组匝间短路；换向片间短路；电刷研磨不良；电刷压力过小；励磁绕组修理后空隙增大；电刷位置移动；转子焊接点脱焊；电动机负载过重等。其维修方法如下：

首先检查调速手柄及输出线是否正常；若正常，再检查控制器或电动机接头是否脱落；若未脱落，再检查左右闸把是否断电，检查正常后，再拔下调速连线的接插件，打开电源锁，检测插件是否有5 V电压；若无电压，则说明控制器内的供电部分有问题；若电压及控制器供电部分均正常，表明检查控制器及电动机内部有故障，应进一步进行维修。

通常是调速电源部分中稳压管断路引起无5 V调速电压，造成电动机不能启动。更换上述损坏的元件，故障即可排除。

八、电动自行车接通电源后无刷电动机不转

无刷电动机传感器由3个开关型霍尔组件构成，用于检测转子磁钢位置，通

过控制器电子开关，使定子线圈有规律地通过电流，实现电动机旋转。

首先接通电源锁开关，检测控制器引出传感器5条线的红（＋）、黑（－）线之间的电压应为5 V、10 V或15 V（控制器不同，检测的电压不同），若电压不正常，则说明控制器有故障。

若传感器电源正常，转动电动机检测传感器3条输出端，电压应都在0 V与传感器电源电压（5 V、10 V、15 V）间有规律地跳动，若无此跳动现象，则说明传感器有故障。

以上检查均正常后，最后应检查电动机3条电源线是否接触良好，若引线破损，应从电动机内部重新接好引线或更换引线，故障即可排除。

九、电动机时转时停

电动自行车电动机出现时转时停故障的主要原因有，蓄电池电量不足或接触不良；蓄电池盒内熔断器和熔丝座接触不良；感光片感光管有污垢；控制器有故障；调速手柄引线似断未断；制动断电开关损坏或接触不良；电源锁烧蚀；线路内插接件接触不良；电动机内电刷、导线、绕组虚焊。具体维修方法如下：

（1）蓄电池电量不足，应进行蓄电池充电。

（2）蓄电池触头接触不良，则调整触头位置或打磨触头。

（3）蓄电池盒内熔断器与熔丝座间接触不良，调整或更换使其良好。

（4）调速手柄内感光片、感光管内有污垢，清洗或更换感光片，擦拭感光管，若故障依旧，则应更换调速手把。

（5）控制器内有故障，应更换或修复控制器。

（6）调速手把引线似断未断，应更换或修复引线。

（7）制动闸把故障，应调整或更换制动闸把。

（8）电源锁烧蚀后接触不良，应更换或修复电源锁。

（9）线路内接插件虚接，则重新插接，使其接触良好。

（10）电动机内炭刷、导线、绕组虚焊、虚接，应修理或更换电动机。

十、电动机过热

电动自行车电动机过热故障的常见原因有：①电源电压过高或过低；②励磁电流过大；③励磁电流过小；④电枢绕组匝间短路；⑤励磁绕组匝间短路；⑥气隙偏心；⑦铁芯短路；⑧定子、转子铁芯相摩擦。最直接的原因是电动机的电流过大。

电流增大，说明电阻或感应电动势减小。电阻变小一般是由于绕组短路或开路，感应电动势减小是由于磁钢退磁或绕组短路、开路造成的。

首先应调整电源电压至标准值；查找磁电流过大或过小的原因，并进行相应的处理；查找短路点，局部修复或更换绕组，局部修理或更换铁芯；校正转轴，更换轴承等。

经上述检查修理后，故障依旧，则应更换电动机。

【技术指导】

电动自行车电动机过热是指电动机在工作时电动机端盖的温度超过环境温度25 ℃，一般电动机的温升在20 ℃以下。

十一、电动自行车飞车

电动自行车飞车是有刷电动机的特有故障。它是指一打开电源锁，电动机就高速运转，转速无法控制。产生这种故障的主要原因是：①控制器内部的功率开关MOS管击穿短路，需要换控制器或者打开控制器维修；②速度转把的接地端悬空开路，造成控制器速度输入端信号脚高电位；③换用的控制器或速度转把不配套，高变低的控制器配成了低变高的速度转把，或者相反，低变高的控制器配成了高变低的速度转把，速度转把在低速位置时电位和控制器要求的正好相反；④有的控制器不接速度转把时，如绿源车型，插上转把则正常。

具体维修方法如下：

（1）支起电动自行车，闭合电源锁，车轮飞速旋转，捏制动闸把不起作用。

断开电源锁，拔下速度转把，再闭合电源锁，车轮仍然飞速旋转。说明控制器内部MOS管击穿短路，换新MOS管或同型号控制器，故障可排除。

判断MOS管好坏的方法，可用万用表的二极管挡位检测MOS管3个引脚，3个引脚之间应没有短路，否则说明MOS管损坏。若MOS管损坏，更换同型号的器件，即可排除故障。

若制动时出现飞车，则是控制器进了水，导致控制器不能断电而造成飞车。平时注意控制器不要被雨淋；用水洗车时，注意控制器不能进水，避免电线短路。

为了防止飞车的发生，在设计上应选择优质的关键器件，并且在发生异常时，应能及时处理。绿源电动自行车采用的"紧急熄火开关"装置可有效防止飞车。

（2）支起电动自行车，打开电源锁，车轮飞速旋转，捏制动闸把，车轮很快停止旋转。维修时将钥匙断开，拔下速度转把，钥匙闭合，车轮不转。说明控制器正常，钥匙断开，插上速度转把，钥匙闭合，车轮仍然飞速旋转。可用万用表检测蓄电池负极和速度转把的接插件之间电压；霍尔电压正（细红）、速度信号（细绿）电压都是5 V；霍尔电压负（细黄）、转把侧电压5 V，接控制器侧为0 V，说明接插件接触有问题。

拆卸并检查接插件，发现严重锈蚀，换新件后，故障排除。

（3）支起电动自行车，钥匙闭合，车轮中速旋转，捏制动闸把，车轮很快停止旋转。

维修时，钥匙断开，拔下速度转把，再将钥匙闭合，车轮不转。说明控制器正常，钥匙断开，插上速度转把，钥匙闭合，车轮仍然中速旋转，转动转把，不加速也不减速。

用万用表检测地（蓄电池负极）和速度转把接插件之间的电压；霍尔电压正（细红）5 V，转动转把，无论什么位置，速度信号（细绿）电压都是2 V左右，霍尔电压负（细黄）0 V，接控制器端为0 V，说明速度转把有问题。

拆卸速度转把检查，发现磁钢脱落，将磁钢粘牢后，试车，故障排除。

究其原因，磁钢全部脱落，速度信号为2 V左右，相当于正常速度转把受控时的中速信号电压，从而出现上述故障。

（4）支起车脚，钥匙打开，车轮飞速旋转，旋转速度转把加速，车轮转速反而降低。

根据上述故障现象，说明转把不配套，取下转把检测，该转把是低变高转把。打开转把，发现两块磁铁，给磁铁做记号，用电烙铁稍稍加温，然后用尖嘴钳将磁铁拔下，全部翻转180°后装上，在磁铁和塑料座之间滴上一滴超能胶水加固。将改制后的转把装车，故障排除。

当没有配套的转把时，可以采用应急方法改制。方法是，对于一块磁铁的转把，将N极和S极位置对调。无论是低变高还是高变低，规律是两块磁铁同极性相对，霍尔元件在磁铁中间位置时，磁场强度为零，速度信号电压约为2 V。

（5）支起车脚，钥匙闭合，车轮飞速旋转。

维修时，钥匙关闭，拔下速度转把，钥匙打开，车轮仍然飞速旋转，说明控制器有问题。检查控制器正常，但发现不插速度控制转把时，灯泡也亮，相当于车轮转动，同时发现转把线断裂。

将断线焊接后，包上塑料胶布，试车，故障排除。

十二、电动机的常见故障及维修

电动机的常见故障及维修方法见表3-3。

表3-3　电动机的常见故障及维修方法

电动机形式	故障	维修方法
有刷有齿电动机	轴承损坏	更换
	齿轮磨损	润滑或更换
	电刷磨损	更换
	换向器损坏	更换
	定子损坏	更换
	磁钢脱落	粘牢
有刷无齿电动机	轴承损坏	更换
	电刷磨损	更换
	换向器损坏	更换
	线圈脱落	更换
	定子损坏	更换
	电动机内部轴向窜动	增加垫圈
	磁钢脱落、退磁	粘牢或更换
无刷有齿电动机	轴承损坏	更换
	齿轮磨损	润滑或更换
	磁钢脱落	粘牢
	霍尔元件损坏	更换
无刷无齿电动机	轴承损坏	更换
	霍尔元件损坏	更换
	磁钢脱落、退磁	粘牢
	电动机内部轴向窜动	增加垫圈
	线圈烧坏	更换

十三、货运电动三轮车串励电动机的故障及维修

货运电动三轮车串励电动机的故障及维修方法见表3-4。

表3-4　货运电动三轮车串励电动机的故障及维修方法

故障现象	故障原因	故障维修方法
电动机转速不正常	（1）电动机转速过快，并且有剧烈火花 （2）串励磁场绕组接反	（1）检查磁场绕组与启动器（或调速器）连接是否良好，是否接错，磁场绕组或调速器内部是否断路 （2）纠正接线
电枢冒烟	（1）长时期过载 （2）换向器或电枢短路	（1）立即恢复正常负载 （2）用毫伏表检查是否短路，是否有金属屑落入换向器或电枢绕组
电刷下的火花过大	（1）电刷与换向器接触不良 （2）换向器表面不光洁、不圆或有污垢 （3）电刷磨损过度，或者所用牌号及尺寸不符 （4）机底脚松动，发生振动 （5）电刷之间的电流分布不均匀	（1）研磨电刷接触面 （2）清洁或研磨换向器表面 （3）按制造公司原用的牌号及尺寸更换新的电刷 （4）固紧底脚螺钉 （5）调整刷簧压力；如果电刷牌号不一致，必须按原用的牌号及尺寸更换新电刷
电动机不能启动	（1）无电源 （2）过载 （3）电刷接触不良 （4）励磁回路断路	（1）检查线路是否完好 （2）减少负载 （3）检查刷握弹簧是否松弛或改善接触面 （4）检查变阻器及磁场绕组是否断路，更换绕组
其他	机壳漏电	（1）出线头碰壳 （2）接地装置不良，加以纠正

十四、有刷电动自行车转动转把，电动机不转但速度表显示有速度

该车速度表属于电动机电压感应表，速度表有速度则表示控制器输出正常，用手转动电动机，电动机可启动运转，停下后再启动，则不动。说明电动机炭刷磨损。

拆下电动机并更换炭刷后试车，故障即可排除。

十五、无刷电动摩托车转动转把，电动机轻微转动一下即停，用手转电动机有阻力感

首先找到控制器与电动机霍尔元件连线，分别检测3个霍尔元件信号输出

线，同时转动电动机，发现有一条线电压不变，初步判断这条线对应的霍尔元件损坏或线路断路。

打开电动机后检查，线路正常，说明霍尔元件损坏。更换霍尔元件后试车，故障排除。

【技术指导】

由于无刷电动机工作时，根据磁场变化，霍尔元件的输出电压也会变化，即所谓的高电压1，低电压0。如霍尔元件电压不变，则控制器不能识别信号，无法给电动机供电，电动机就不能正常工作，因而出现转动转把，电动机轻微转动一下即停的故障。

十六、无刷无齿电动机运行时内部有机械碰撞或机械噪声

（1）轴承损坏，应更换轴承。

（2）磁钢脱落，电动机扫膛，应粘接磁钢。

（3）电动机内部轴向窜动，轴向应增加合适垫圈。

（4）线圈散落，应更换电动机。

【技术指导】

无刷电动机是一种低速、大转矩、轮毂式外转子直流无刷三相电动机，在低速进行换相时便会产生轻微振动，由此而产生振源，便会与其接近的部件产生共振，发出"嗡嗡"的声音，属正常。

高速电动机的噪声比低速电动机的噪声大，这是因为有刷高速电动机转速高（高速电动机3 000 r/min，低速电动机200 r/min），需要通过减速齿轮装置进行减速后输出大扭矩动力，所以其噪声比低速电动机噪声相对要大。

无论高速电动机还是低速电动机，在负载运行时都不应该出现机械碰撞或不连续、不规则的机械噪声。

十七、无刷有齿电动机运行时内部有机械碰撞或机械噪声

（1）若轴承损坏，应更换轴承。

（2）若齿轮磨损，应润滑或更换齿轮。

（3）超越离合器失效，应更换超越离合器。

十八、有刷无齿电动机运行时内部有机械碰撞或机械噪声

（1）若轴承损坏，应更换轴承。

（2）若磁钢脱落，电动机扫膛，应粘接磁钢。

（3）若电动机内部轴向窜动，应增加合适垫圈。

（4）若线圈散落，应更换电动机。

（5）若电动机转子扫膛，应重新修理定子、转子。

（6）若有刷电动机换向器表面氧化、烧蚀、油污、凹凸不平、换向片松动，应清洗换向器表面层或焊牢换向片。

（7）若炭刷架松动、炭刷架不正，应调整炭刷架。

十九、有刷有齿电动机运行时内部有机械碰撞或机械噪声

（1）若轴承损坏，应更换轴承。

（2）若齿轮磨损，应润滑或更换齿轮。

（3）若电动机芯内部变形，应更换电动机芯。

（4）若超越离合器失效，应更换超越离合器。

（5）若电动机转子扫膛，应重新修理定子、转子。

（6）若有刷电动机换向器表面氧化、烧蚀、油污、凹凸不平、换向片松动，应清洗换向器表面层或焊牢换向片。

（7）若炭刷架松动、炭刷架不正，应调整炭刷架。

二十、48V货运电动三轮车接通电源后不能行驶

首先通电检查，开电源锁，仪表盘正常显示，转动转把不能行驶，但电动机有旋转声音。卸下电动机，打开后罩，线包颜色正常，炭刷中度磨损，炭刷压力比较均匀，清洁炭粉和换向器，重新装复。

用手旋转电动机齿轮，很轻，卸开前端盖，发现尼龙齿轮损坏，电动机主齿轮还能用。换为新齿轮并抹好黄油，装复试车，货运电动三轮车可以行走。

小提示

货运电动三轮车电动机的行星齿轮普遍采用尼龙材料，旋转噪声大大低于金属齿轮。但是，过载冲击、润滑散热都可能缩短其寿命。所以，应定期检查更换。

第五节 电动机故障维修实例

一、速派骑48 V有刷电动自行车电动机转动无力

1. 故障现象

一辆速派骑电动自行车，采用48 V有刷电动机，电动机转动无力。

2. 故障诊断与排除

（1）打开电源锁，转动转把试车，电动机转速低，判断电动机有故障。

（2）从车上取下电动机，打开电动机，检查定子，发现有两个磁钢松动移位。

（3）取下旧磁钢，放在干净的纸箱上，用钢锯条刮净电动机定子上的残胶。

（4）将AB胶按1∶1配比后拌匀，涂于定子上，把磁钢按原位置粘牢，待AB胶晾干，将电动机复原后，试车，故障排除。

【技术指导】

电动机磁钢用树脂按N、S顺序排列胶粘在电动机定子或转子上，如果电动机进水，会造成电动机磁钢脱落。磁钢维修时，如果磁钢脱落多块，应采取取下一块，粘牢一块的方法，以免损坏磁钢或将磁钢排列顺序弄乱。

二、红旗有刷电动自行车骑行时时快时慢，无法行驶

1. 故障现象

一辆红旗电动自行车，采用36 V有刷电动机，骑行中时快时慢，无法行驶。

2. 故障诊断与排除

（1）打开电源锁，转动转把，用万用表测量控制器与电动机的两条引线电压为0~37.9 V，说明控制器输出正常，故障在电动机。

（2）断开控制器与电动机的连线，用扳手松开电动机轴上的螺母，从车上取下电动机，并记录电动机轴上的垫片、螺母的安装位置。

（3）将电动机放在木架上，用记号笔在电动机外壳上做好标记，用十字形螺丝刀取下电动机外壳上的螺钉，松开螺栓时，要采用对应松动的方法。

（4）在地上垫上木板，双手抱住电动机转子，用力向下冲击电动机轴，使定子与转子分离，另一个从转子中抽出定子。

（5）检查换向器，若表面不平，则用砂布打磨换向器表面，并对换向器表面进行清理。

（6）检查电动机定子上两个电刷若长短不齐，应更换新电刷。用螺丝刀取下电刷固定螺钉，取下旧电刷。

（7）将新电刷的弹簧穿入电刷铜辫，然后穿入电刷架的刷凹内，用螺丝刀固定好电刷。

（8）检查电动机的两个轴承均损坏，其型号为6002，用同型号新轴承更换。

（9）用毛刷清洁电动机内部，将电动机装复，试车，故障排除。

【技术指导】

从车上卸下电动机时，一定要记牢电动机轴上垫片及螺钉的位置，以免安装时出错。电动机维修时应对两个电刷和轴承同时进行更换。电动机拆卸后，不要将定子随便放在地上，以免定子磁钢上吸上杂物。另外，安装定子前要将电刷铜辫拧绕，使电刷进入刷凹，以免安装定子时损坏电刷。定子安装完后，一定要将电刷铜辫拧绕松开。

三、森地无刷电动自行车电动机有杂音

1. 故障现象

一辆森地无刷电动自行车采用48 V/350 W无刷电动机，骑行时电动机有杂音。

2. 故障诊断与排除

（1）打开电源锁，转动转把试车，发现电动机有机械杂音，判断电动机有故障。

（2）拨开控制器与电动机的8条连线，并做好记录，从车上拆下电动机。

（3）在电动机外壳上做好标记，以便安装电动机时按照记号安装。

（4）用内六方扳手依次取下电动机外壳上的固定螺钉，并保存好螺钉备用。

（5）在地上放一块木板，双手抱住电动机转子，用力向下冲击电动机轴，使定子与转子分离，另一人抽出定子。

经检查发现电动机内部进水，生锈严重，于是，对生锈部分进行处理。

更换电动机两个轴承。装复电动机后，试车，故障排除。

【技术指导】

①将定子放入转子，注意转子上的磁钢有吸引力，小心操作。

②用扳手卡住电动机轴，防止转动，使定子安装到位。

③将端盖安装好，并用螺钉固定好端盖。

四、有刷电动自行车电动机磁钢脱落，电动机有异响声

1. 故障现象

一辆有刷电动自行车采用36 V有刷电动机，电动机有异响。

2. 故障诊断与排除

（1）用十字形螺丝刀取下电动机外壳固定螺钉，打开电动机。

（2）用皮锤敲击定子上的磁钢，检查发现有一块磁钢脱落移位。

（3）取下脱落的磁钢，放在干净的纸箱上，用砂布清洁定子和脱落磁钢上的杂物。

（4）将AB胶按1∶1的比例配好，涂在定子上，把脱落的磁钢按原位置粘牢。

（5）等AB胶发白晾干后，检查电动机轴承，电刷无故障后，将定子放入转子。

（6）将电动机装复，试车，故障排除。

五、澳柯玛电动自行车（通用型）有电但不调速

1. 故障现象

一辆澳柯玛电动自行车（通用型）有电但不调速。

2. 故障诊断与排除

（1）先检查调速线和电动机线各插件（无刷控制器注重查看霍尔信号线和电动机输出线），各插件良好。

（2）接着检查断电开关。打开头罩或安装控制器的塑件，拆下断电线，然后打开电源，启动电动机；电动机仍不启动，则说明调速转把存在问题。

（3）将调速转把拔开，直接把控制器调速线的电源线和信号线（一般为红、蓝色线）短接；若调速，则说明调速转把损坏，更换相同型号的调速转把，若更换调速转把仍不启动，则应检查控制器是否存在问题。

（4）先把控制器上调速线的电路线和信号线直接短接【无刷控制器将电动机信号线（绿、黄、蓝）循环调速，看电动机能否启动】。

（5）若更换以上元器件，线位调换后仍不启动，则应检查电动机是否存在问题。

【技术指导】

因电动机损坏，从而造成此类故障较常见。将电动机线拆下，换上相同型号的新电动机即可排除故障。

六、立马电动自行车骑行时后轮有杂音

1. 故障现象

一辆立马电动自行车采用48 V/350 W无刷电动机，骑行时后轮有杂音。

2. 故障诊断与排除

经检查发现故障在电动机，需拆下电动机维修。

（1）用支架支起后车轮，从车上取下电动机。

（2）在电动机外壳上做好标记，取下电动机固定螺钉。

（3）双手抱住转子，用力向下冲击木板，使转子与定子分离，另一人抽出定子，打开电动机。

（4）检查发现端盖上轴承损坏。

（5）用手锤击打螺丝刀，取下旧轴承。

（6）将相同型号（旧轴承型号6001）的新轴承放在端盖内，用手锤击打轴承使新轴承安装到位。试车，故障排除。

七、洛阳绿祥货运电动三轮车行驶中电动机噪声大

1. 故障现象

洛阳绿祥货运电动三轮车行驶中电动机噪声大，该车采用48 V/650 W挂挡差速电动机。

2. 故障诊断与排除

（1）询问用户购买新车1年多，电动机没有更换过齿轮油，由于差速电动机需要定期更换齿轮油，判断电动机缺油造成故障。

（2）用扳手取下电动机下方放油螺栓，将废油放出。

（3）用扳手取下电动机上方注油螺栓，加入齿轮油。最后将加油孔螺栓固定好。经试车，故障排除。

八、飞舟货运电动三轮车仪表上显示有电，电动机不转

1. 故障现象

飞舟货运电动三轮车仪表上显示有电，电动机不转。该车采用36 V有刷串励电动机。

2. 故障诊断与排除

（1）询问用户该车使用情况，该车已从事货运3年多，没有更换过电动机电刷，判断电动机电刷有故障。为判断准确，用支架将后轮支起，打开电源锁，转动转把，用万用表的直流200 V电压挡测量电动机的红、黄引线，有35.5 V电压，但电动机不转，说明电动机有故障。

（2）首先用尖嘴钳取下防尘罩固定弹簧，然后取下电动机防尘罩，观察电刷引线和电刷，发现烧坏严重。

（3）用内六方扳手取下电动机电刷侧盖的固定螺钉。

（4）取下电刷侧盖和电刷架，观察该电动机为两孔电刷架，电刷架已经损坏，同时更换新的电刷架。

（5）找到相同型号的电刷和电刷架，将电刷放在电刷架中试验电刷的活动情况，电刷在电刷架的刷凹内应活动自如。如果电刷过大，应放在地板上研磨，使其与刷架相配套。

（6）用螺丝刀将电刷架固定在侧盖中。

（7）安装好刷架后，用砂布打磨换向器表面，并用毛刷清洁。

（8）将电刷侧盖安装到电动机上，并用螺丝刀将电动机相线与电刷固定好。

（9）用内六方扳手将电刷侧盖固定好，打开电源锁试车，故障排除。

第四章　控制器的结构、原理与故障维修

第一节　控制器的种类和特点

一、控制器简介

电动机的驱动控制器简称控制器，主要用于控制电动机的转速，并对电动自行车引线的电气系统及电器装置进行控制和保护。控制器的外形如图4-1所示。

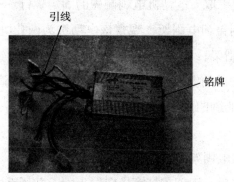

图4-1　控制器的外形

目前，电动自行车大多采用永磁直流电动机，原因是直流电动机比交流电动机更容易实现调速。要实现对电动机的速度控制就必须有控制器。现在，控制器控制电动机速度普遍采用的是电压调速方法，这是一种成熟的电动机控制技术。

另外，控制器还有很多的其他功能，如定速行驶（巡航）、零启动、反充电（能量再生）、行车里程计算与显示驱动、电制动、智能助力控制，以及各种状态的指示等。

二、控制器的命名方法

国际上对电动自行车用控制器的标准命名方式如下：

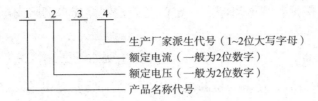

产品名称代号如下：

（1）ZK——有刷电动机用普通型驱动控制器。

（2）ZKC——有刷电动机用智能型驱动控制器。

（3）WZK——无刷电动机用普通型驱动控制器。

（4）WZKC——无刷电动机用智能型驱动控制器。

控制器的额定电压参数包括直流36 V、48 V和60 V；额定电流参数包括6 A、8 A和10 A。

三、控制器的种类和作用

1. 控制器的种类

（1）车用电动机的电压分别为36 V、48 V和60 V，控制器也应与之匹配。

（2）车用电动机的功率分为180 W、250 W、350 W、500 W、600 W、800 W和1 000 W，控制器也应与之匹配。

（3）有刷电动机控制器。车用电动机如果是有刷电动机，则控制器较简单，它不用换相，电动机自己能够换相，绕组在不同位置会产生与磁钢相对应的磁场。因此，控制器不需要换相功率电路及其器件。

（4）无刷电动机控制器。无论是高速有齿轮减速的无刷电动机，还是外磁钢转子的低速无刷电动机，其控制器都比较复杂，它的微处理器芯片本身也比有刷直流电动机芯片复杂，并且价格较高。控制器内部要用功率足够的开关管组合出一套换相电路。

（5）有助力功能电动机的控制器，它的主要特点是要处理助力传感信号，且应与助力传感器配合使用。

2. 控制器的作用

（1）调速功能：根据调速转把的输出对电动自行车实现无级调速。

（2）刹车断电功能：刹车时，控制器自动切断电动机的电源，实现先断电后刹车。

（3）限流保护：当电流超过一定值时，控制器能自动限制电流的输出，从而保护电动机。

（4）蓄电池欠压保护：单个蓄电池的欠压保护值是10.5 V，当蓄电池的电压降至欠压保护值时，使电动机断电不工作，从而保护蓄电池。36 V车蓄电池的欠压保护值为31.5 V；48 V车蓄电池的欠压保护值为42 V；60 V车蓄电池的欠压保护值为52.5 V。

（5）限速功能：国标规定电动自行车的时速为20 km/h，当电动自行车的车速超过规定值时，控制器的限速保护电路会切断蓄电池供电电路，从而限制车速。

（6）时速显示功能：48 V控制器设置有仪表线，可以通过仪表显示电动自行车的行驶速度。

（7）反充电功能：当电动机行驶时，可以通过控制器给蓄电池补充电能。

四、控制器的铭牌及参数

1. 控制器的铭牌

控制器的铭牌上一般有如下标注：

（1）产品名称：控制器的名称。

（2）额定电压：控制器的供电电压。

（3）额定电流：控制器的过流保护值。

（4）欠压：控制器的欠压保护值。

（5）转把电压：表示控制器所匹配的转把信号电压为1～4.2 V。

（6）产品型号：控制器的型号。

（7）生产日期：产品的生产日期。

某控制器的铭牌如图4-2所示。

图4-2　某控制器的铭牌

2. 控制器的参数

表4–1列出了控制器的通用参数。

表4–1　控制器的通用参数

参数	使用参考
额定电压	匹配使用的蓄电池的额定电压
额定电流	允许长时间放电的最大电流
欠压保护	当蓄电池电压降到欠压保护值时，控制器断开电动机供电
限流/过流保护	电流值为允许控制器短时间工作的最大电流值
使用温度	控制器内部元器件能正常工作的温度范围
转把信号	可以正常调速的转把信号电压的数值
刹车信号	刹车时，闸把信号的高、低电位

3. 控制器的参数举例

（1）有刷控制器的参数举例

1）36 V/250 W有刷控制器（如图4–3所示）

（a）36 V/250 W有刷控制器的外形

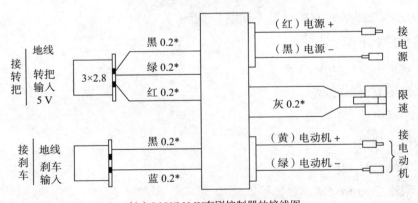

（b）36 V/250 W有刷控制器的接线图

图4–3　36 V/250 W有刷控制器

其参数如下所示：

①额定电压：36 V。

②额定电流：6.3 A。

③手柄电压：1～4.2 V。

④额定功率：250 W。

⑤欠压：31±0.5 V。

⑥限流：14±1 A。

⑦刹车：低/高电平。

⑧环境温度：-20 ℃～75 ℃。

2）36 V/500 W有刷控制器（如图4-4所示）

其参数如下所示：

①额定电压：36 V。

②额定电流：7.3 A。

③手柄电压：1～4.2 V。

④额定功率：500 W。

⑤欠压：31±0.5 V。

⑥限流：18±1 A。

⑦刹车：高电平。

⑧环境温度：-20 ℃-75 ℃。

有刷引线

图4-4　36 V/500 W有刷控制器

（2）无刷控制器的参数举例

1）36 V/250 W无刷控制器（如图4-5所示）

其参数如下所示：

①额定电压：36 V。

②额定电流：6.0 A。

③手柄电压：1～4.2 V。

④额定功率：250 W。

⑤欠压：31±0.5 V。

⑥限流：16±0.5 A。

⑦刹车：低电平。

⑧环境温度：-20 ℃～75 ℃。

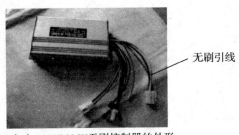

（a）36 V/250 W无刷控制器的外形

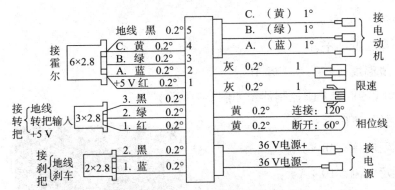

（b）36 V/250 W无刷控制器的接线图

图4-5　36 V/250 W无刷控制器

2）48 V/350 W无刷控制器（如图4-6所示）

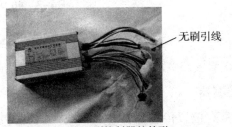

（a）48 V/350 W无刷控制器的外形

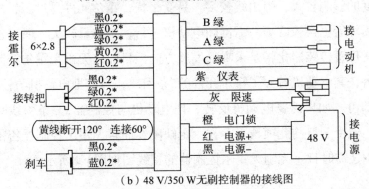

（b）48 V/350 W无刷控制器的接线图

图4-6　48 V/350 W无刷控制器

其参数如下所示：

①额定电压：48 V。

②额定电流：7.2 A。

③手柄电压：1.1 ~ 4.2 V。

④额定功率：350 W。

⑤欠压：41.5 ± 0.5 V。

⑥限流：17 ± 1 A。

⑦刹车：低电平。

⑧环境温度：–20 ℃ ~ 75 ℃。

3）48 V/500 W无刷控制器（如图4-7所示）

其参数如下所示：

①额定电压：48 V。

②额定电流：10.4 A。

③手柄电压：1.1 ~ 4.2 V。

④额定功率：500 W。

⑤欠压：31 ± 0.5 V。

⑥限流：26 ± 0.5 A。

⑦刹车：高电平。

⑧环境温度：–20 ℃ ~ 75 ℃。

无刷引线

图4-7　48 V/350 W无刷控制器

4）无刷无霍尔控制器

传统无刷电动机带有位置传感器，对应使用无刷有霍尔控制器。由于霍尔传感器受温度的影响较大，引出线较多，易受干扰；霍尔元件易过压，击穿损坏；霍尔元件损坏后更换较麻烦，需拆卸电动机进行，工作量较大，所以永磁直流无刷电动机无位置传感器化将是未来的发展方向。目前，无刷无霍尔控制器在市场上已有销售，其电动机省去了霍尔元件的5条引线，只需把电动机与控制器的3条引线对接即可。如果需要电动机反转，把电动机与控制器的3条引线对调即可，使用方便。但由于目前此项技术存在一定缺陷，而且无霍尔控制器售价较高，所以大量采用还需时日。无刷无霍尔控制器的接线图如图4-8所示。

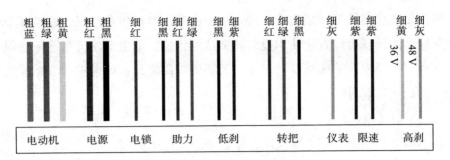

图4-8　无刷无霍尔控制器接线图

5）万能双模四合一无刷控制器

下面以万能双模四合一48 V/500 W无刷控制器为例进行说明。万能双模四合一48 V/500 W无刷控制器的接线示意图如图4-9所示。

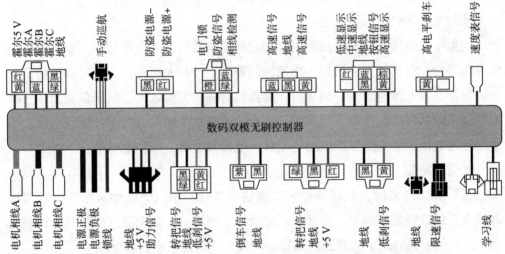

注：以上为综合出线图，不含七排线出线、各种颜色出线的功能，请参照其相应的文字标注。不同型号可根据自己所具备的功能对照参考。

图4-9　万能双模四合一48 V/500 W无刷控制器的接线示意图

①有、无霍尔自适应

a. 全自动适应（适用于二级市场）：有霍尔驱动与无霍尔驱动之间自动切换，同时具备自学习功能（无学习过程，在骑行过程中自动学习），特别适合于维修市场。它不管用户使用120°电动机还是60°电动机，也不管霍尔线和相线怎么连接，只要正确地把功能线接好，控制器就会自动为用户做好所有的事情；如果转动方向不对，拔插一下学习线即可。

b. 固定相位自适应（适用于一级市场）：对于整车生产厂家，如果所配的电动机是标准的，就可以直接使用控制器默认的相位，如果电动机在运行过程中，霍尔元件出现异常，系统会自动切换到无霍尔工作模式；如果霍尔故障排除，则系统会自动恢复到有霍尔工作模式。

②36～48 V自适应

控制器能自动识别蓄电池电压，正确锁定欠压保护值。

③防盗功能

a. 非外接防盗器：关闭电门锁，系统会自动进入防盗状态，一旦控制器检测到电动机往前转，控制器就往后加力，反之亦然。

b. 外接防盗器：控制器在接收到有效防盗信号后，进入防盗状态，一旦控制器检测到电动机往前转，控制器就往后加力，反之亦然。

④软欠压和欠压保护功能

当蓄电池电压不足又没到欠压保护时，如果持续用大电流输出，蓄电池的内阻及线阻会产生比较大的压降，导致控制器马上进行欠压保护。针对这种情况，当控制器在蓄电池电压小于44 V时，限流值会随着蓄电池电压的降低而减小，因此控制器能够继续以小电流形式运行，有效地延长了电动自行车的续行里程。当蓄电池的电压小于欠压保护点的电压后，就关断输出，保护蓄电池。

⑤倒挡功能

按下倒挡开关后，控制器停止向前输出并且开始检测电动机的转速，当检测到电动机的转速减到零，而且转把重新回零再转后，控制器开始控制电动机反转。反转的最高转速为正转最高转速的30%（可根据用户要求设定）。

⑥普通刹车和电子刹车及刹车反充电功能

控制器有普通刹车和电子刹车功能，其中电子刹车有软刹车功能，而且在刹车时能将电动机产生的电能返充到蓄电池，从而达到节能的目的，极大地延长续航里程。

⑦各种保护功能

控制器有相线短路保护、堵转保护、欠压保护、过流保护、缺相保护、MOS短路保护、上电转把不为零保护（防飞车）、刹车故障保护等。

⑧手动、自动巡航功能

用户可选择手动、自动巡航功能。当电动自行车运行到一定速度时，用户可保持手把固定8～10秒进入自动巡航状态，也可以选择手动按键巡航。进入巡航状态后，电动自行车将按固定速度行驶，直到解除巡航为止。解除巡航的方式有刹车解除、转动手把解除、按键解除等。

⑨助力功能。

控制器带有"1+1"助力插件，可实现助力功能，使用户骑行时更省力、更方便。

⑩限速功能

控制器带有限速插件，可实现限速功能。用户可根据需要有效保证电动自行车的运行速度。接通限速选择线后，手把的最大输出时速不超过20 km/h。

⑪变速功能、挡位指示

客户能按照自己的需求设定车速，高速时可提速到120%，中速为原始速度，低速为原始速度的90%。显示仪表能显示高、中、低三种速度。

五、控制器的安装

控制器一般安装在铝质的盒内，便于密封和散热。简易型车的控制器一般安装在脚踏板下，如图4-10所示。豪华型车的控制器一般安装在坐垫下，如图4-11所示。也有个别控制器安装在前罩下。

控制器

图4-10 简易型车的控制器安装位置

控制器

图4-11 豪华型车的控制器安装位置

1. 控制器的安装要求

（1）安装的地方要便于散热，如安装在有金属件相接触或将有良好的通风的地方，同时避免雨淋。

（2）不允许在控制器外壳上用导热性差的东西包裹，否则可能导致控制器因无法散热而损坏。

2. 与控制器相连的接插件的安装要求

（1）安装前应检查接插件的接触是否良好。

（2）接触不良或已经脱落的线头必须用专用工具进行重新压接，或者使用电烙铁焊接，以保证导线和接触片良好接通。

（3）接插件安装处应避免浸水，可以用绝缘密封材料包扎。

（4）安装后，要对多余的引线进行包扎整理，然后放进整车内，并用双面胶或扎线绑扎。

六、控制器的更换原则

更换的控制器的电压、功率要与原控制器的电压、功率相同。若有刷控制器损坏，还需更换有刷控制器；若无刷控制器损坏，还需更换无刷控制器。如果想将有刷控制器改为无刷控制器，需将控制器与电动机一并更换。

另外，还要根据原车是否有助力器选用普通型控制器或智能型控制器。

第二节　有刷控制器的结构、原理和接线方法

控制器工作时，控制器和调速转把配合，控制电动机的转速，能随刹车开关的闭合使电动机断电，并通过仪表控制线路，使仪表显示电源电压、欠压及行驶里程。

一、控制器的内部结构

电动自行车的控制器品种多样，虽各不相同，但同类型、使用相同集成电路的控制器大同小异。目前，控制器主要采用控制电压的方法来控制电动机的速度。

控制器的开关电路相当于用一个闸刀开关连接在电动机与电源之间。闸刀开关合闸一次，电动机通电，开始运转。开关拉开，电动机断电，电动机在无电状态下，依靠绕组中的剩余电流和转子惯性继续转动，并逐渐减速。

简单来讲，控制器由主芯片（或单片机）和周边的元器件组成。周边的元器件是一些功能器件，它们完成如执行、采样等功能，它们是电阻、传感器、桥式开关电路，以及辅助单片机或专用集成电路完成控制过程的器件。单片机也称微处理器，是电动自行车的智能控制器。

控制器的设计品质、特性、所采用的微处理器的功能、功率开关器件电路及

周边器件布局等，直接关系到整车的性能和运行状态，也影响控制器本身的性能和效率。不同品质的控制器用在同一辆车上，配用同一组相同充、放电状态的蓄电池，有时也会在续驶能力上显示出较大的差别。

目前，有刷直流电动自行车和无刷直流电动机大都采用PWM（PWM是英文的缩写，意思是脉宽调制器）控制方法调速，只是选用驱动电路、集成电路、开关电路功率晶体管和某些相关功能上的差别。脉宽调制器常用的集成电块有TL494。

控制器内部包括PWM发生器电路，还包括电源电路、功率器件驱动电路、控制器件驱动电路、控制部件（调速转把、闸把、电动机的霍尔元件）、信号采集单元与处理电路、过流与欠压等保护电路。

二、有刷控制器的工作原理

有刷控制器的外形如图4-12所示，内部电路如图4-13所示。有刷控制器应与有刷电动机配套使用。有刷控制器的内部电路结构简单，造价低，故障率低。

有刷控制器的原理框图如图4-14所示。

图4-12　有刷控制器的外形

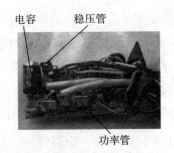

图4-13　有刷控制器的内部电路

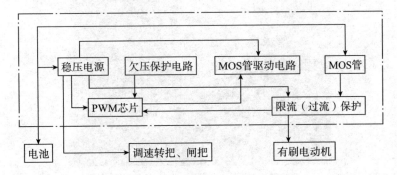

图4-14　有刷控制器的原理框图

有刷控制器的工作原理简述如下：

（1）稳压电源提供控制器内部的PWM芯片及电子元器件的工作电压。

（2）PWM芯片得电工作后，根据调速转把的输入电压，输出相应脉冲宽度的方波给MOS管驱动电路。

（3）MOS管驱动电路将PWM信号整形后提供给MOS管。MOS管是大电流开关元器件，其导通时间与关闭时间受PWM信号的控制。

（4）欠压保护电路在蓄电池电压降低到控制器的设定值以下时，停止PWM芯片信号的输出，以保护蓄电池不至于在低电压情况下放电。

（5）限流（或过流）保护电路对控制器输出的最大电流进行限制，以保护蓄电池、控制器、电动机等不会出现允许范围以上的大电流。

【技术指导】

MOS管如图4-15所示。MOS为金属氧化物半导体的英文缩写，其全称为场效应管MOSFET，简称MOS。它是一种利用场效应原理工作的半导体器件，属于单极性电压控制器件。场效应管也有3个极：栅极G（对应于双极型三极管的b极）、漏极D（对应于双极型三极管的c极）、源极S（对应于双极型三极管的e极）。常见场效应管有IRFS630A，75N75等。

图4-15　MOS管

MOS管的测量方法如图4-16所示。用数字式万用表的二极管挡测量MOS管各引脚之间的正、反向电阻值，如果为0 Ω，表示MOS管击穿损坏，应更换新件。

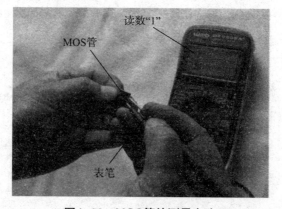

读数"1"

MOS管

表笔

图4-16　MOS管的测量方法

三、有刷控制器与外部件的连接方法和工作原理

1. 有刷控制器的外接引线

有刷控制器的外接引线如图4-17所示。

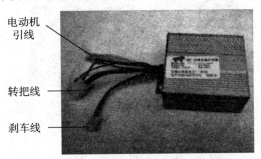

电动机引线

转把线

刹车线

图4-17　有刷控制器的外接引线

2. 有刷控制器与外部件的连接

（1）控制器与调速转把、闸把的连接

有刷控制器和无刷控制器与调速转把、闸把的连接方法相同。

①控制器与调速转把的连接如图4-18所示。控制器的红色+5 V线与转把的红色供电线对接，控制器的黑色地线与转把的黑色线对接，控制器的绿色（或蓝色）信号线与转把的绿色（或蓝色）信号线对接。如果控制器与调速转把不是接插件，还要用防水胶带粘好。

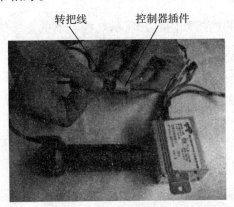

转把线　　　控制器插件

图4-18　控制器与调速转把的连接

②控制器与闸把的连接如图4-19所示。控制器的红色线与闸把的红色线对接，控制器的黑色线与闸把的黑色线对接。如果控制器与闸把不是接插件，还要用防水胶带粘好。

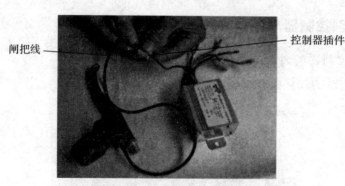

图4-19　控制器与闸把的连接

控制器与调速转把、闸把的连接如表4-2所示。

表4-2　控制器与调速转把、闸把的连接

调速转把引线	颜色	器件引线	
调速转把电源正极	红色	信号电源正极	控制器内引线
调速转把电源负极	黑色	信号电源负极	
调速转把输出	黄色	调速输出	
刹车转把电源正极	红色	信号电源正极	开关型刹车转把
刹车转把输出	绿色	刹车输出	

（2）控制器与蓄电池的连接

有刷控制器和无刷控制器与蓄电池的连接方法一样，连接时注意正、负极不可接反，否则会烧坏控制器。

控制器与蓄电池的连接如图4-20所示。控制器的正极的粗红线与蓄电池的正极对接，负极的粗黑线与蓄电池的负极对接。

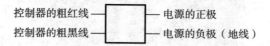

图4-20　控制器与蓄电池的连接

（3）有刷控制器与电动机的连接

有刷控制器与电动机的连接如图4-21所示。有刷控制器的正极的粗红线与电动机的粗黄线对接，负极的粗黑线与电动机的粗蓝线对接。

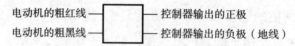

图4-21　有刷控制器与电动机的连接

3. 有刷控制器（有刷电动自行车）的工作过程

36 V有刷控制器与外部连接如图4-22所示。

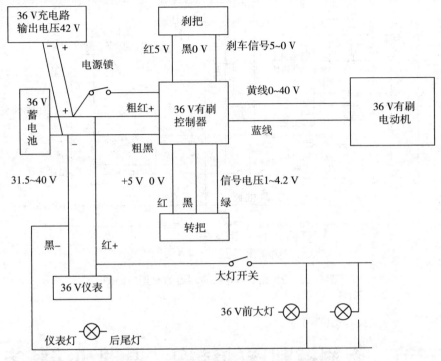

图4-22　36 V有刷控制器与外部连接图

有刷电动自行车的工作过程如下：

当用户打开电源锁后，显示仪表上得到供电，电源指示灯亮，显示蓄电池电量。同时，控制器也得到供电。此时，电动机不转，但是控制器输出5 V电压给调速转把内的霍尔元件供电。

当用户旋转调速转把时，转把信号线输出1～4.2 V电压，此电压传递给控制器，控制器的电动机引线输出0～40 V由低到高的直流电压给电动机线圈，电动机开始由慢到快旋转。

当用户手捏刹把时，控制器得到5～0 V（低电平刹车）的刹车信号电压，断开电动机的供电，使电动机停止运转，起刹车断电作用。

4. 有刷控制器的典型电路图

ZK3615A有刷控制器的典型电路图如图4-23所示。

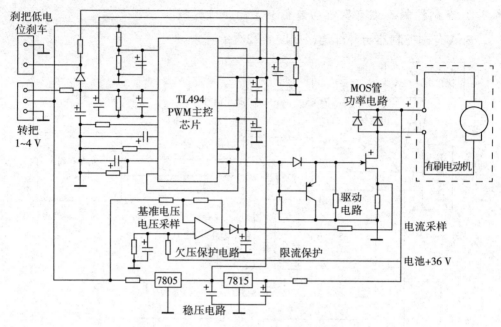

图4-23　ZK3615A有刷控制器的典型电路图

第三节　无刷控制器的结构、原理和接线方法

一、无刷控制器的结构、原理

无刷控制器的外形如图4-24所示，内部电路如图4-25所示。

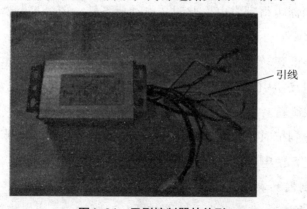

图4-24　无刷控制器的外形

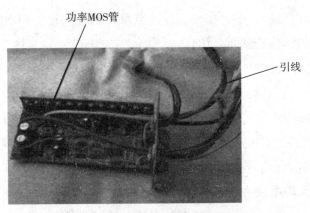

功率MOS管

引线

图4-25 无刷控制器的内部电路

无刷控制器和无刷电动机应配套使用。无刷控制器的内部电路结构复杂，造价较高。

无刷控制器的原理框图如图4-26所示。

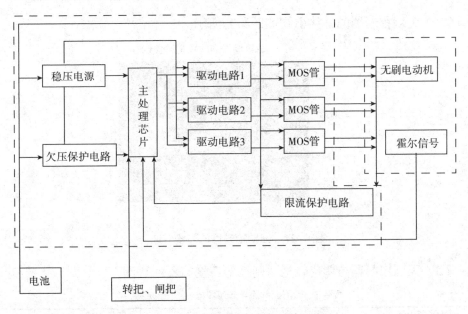

稳压电源

主处理芯片

驱动电路1 MOS管 无刷电动机

驱动电路2 MOS管

驱动电路3 MOS管 霍尔信号

欠压保护电路

限流保护电路

电池

转把、闸把

图4-26 无刷控制器的原理框图

无刷控制器的工作原理简述如下：

（1）稳压电源提供控制器内部的主处理芯片及电子元器件的工作电压。

（2）主处理芯片PWM得电后工作，根据无刷电动机的霍尔信号对3路MOS管驱动电路给出有选择性的打开与关闭信号，以完成对电动机的换相。同时，根据调速转把的输入电压大小，将相应脉冲宽度的载波信号与MOS管的导通信号混合，以达到控制电动机速度的目的。

（3）驱动电路将PWM信号整形放大后提供给MOS管。另外，对于3个MOS管而言，它们的驱动电平要求高于蓄电池的供电电压。因此，驱动电路还要具有升压功能，以将3路MOS管的导通信号变成高于蓄电池电压的超高方波信号。

（4）MOS管是大电流开关元器件，其导通时间与关闭时间受导通信号与PWM信号合成的混合信号控制。

（5）欠压保护电路在蓄电池电压降低到控制器的设定值以下时，停止PWM芯片信号的输出，以保护蓄电池不至于在低电压的情况下放电。

（6）限流保护（或过流保护）电路对控制器输出的最大电流进行限制，以保护蓄电池、控制器、电动机等，使其不会出现允许范围以上的大电流。

二、无刷控制器与外部件的连接方法

（1）无刷控制器的外接引线如图4-27所示。

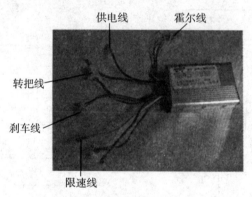

图4-27　无刷控制器的外接引线

（2）无刷控制器与调速转把、闸把的连接如表4-3所示。

表4-3　无刷控制器与调速转把、闸把的连接

调速转把引线	颜色	器件引线		
调速转把电源正极	红色	信号电源正极	霍尔调速转把	
调速转把电源负极	黑色	信号电源负极		
调速转把输出	黄色	调速输出		
刹车转把电源正极	红色	信号电源正极		霍尔型闸把
刹车转把电源负极	蓝色	信号电源负极	开关型闸把	
刹车转把输出	绿色	刹车输出		

（3）无刷控制器与无刷电动机的连接如图4-28所示。

无刷控制器	粗蓝线（电动机A相线）	粗蓝线	无刷电动机
	粗绿线（电动机B相线）	粗绿线	
	粗黄线（电动机C相线）	粗黄线	
	细红线（霍尔电源+）	细红线	
	细黑线（霍尔电源−）	细黑线	
	细蓝线（霍尔A相线）	细蓝线	
	细绿线（霍尔B相线）	细绿线	
	细黄线（霍尔C相线）	细黄线	

图4-28　无刷控制器与无刷电动机的连接

三、无刷控制器（无刷电动自行车）的工作过程

48 V无刷控制器与外部件的连接如图4-29所示。

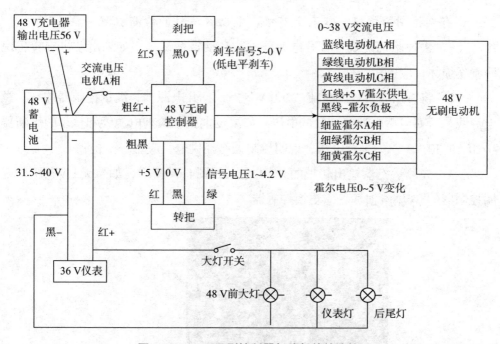

图4-29　48 V无刷控制器与外部件的连接

无刷电动自行车的工作过程如下：

当用户打开电源锁后，显示仪表上得到供电，电源指示灯亮，显示蓄电池电量。同时，控制器也得到供电。此时，电动机不转，但是控制器输出5 V电压给

转把内的霍尔元件供电，同时输出5 V电压给电动机内的霍尔元件供电。

当用户旋转转把时，转把信号线输出1~4.2 V电压，此电压传递给控制器，控制器的零启动功能使电动机启动，电动机启动后，其内部磁钢转动，使霍尔传感器产生对应的位置信号，使霍尔元件输出0~5 V的开关信号电压，此信号传递给控制器，控制三相引线输出0~38 V由低到高的交流电压，此电压传给电动机线圈，使电动机开始由慢到快旋转。

当用户手捏刹把时，控制器得到5~0 V（低电平刹车）的刹车信号电压，断开电动机的供电，使电动机停止运转，起刹车断电作用。

第四节　控制器的常见故障诊断技巧

一、有刷控制器损坏故障诊断技巧

1. 有刷控制器损坏，仪表上有电，电动机不转的诊断流程

（1）去掉闸把连线，打开电源开关，转动转把试车，如果电动机旋转，说明闸把损坏，应更换新件。

（2）将万用表设置在直流"200 V"挡，打开电源锁，测量控制器的红、黑电源线是否有与蓄电池组一致的电压，如果没电压，检查电源锁和整车的熔断器（20 A或30 A）；如果有电压，说明控制器已经供电，应进一步检查。

（3）先测量控器输出转把的5 V供电，如图4-30所示，如果无5 V电压，说明控制器的5 V供电损坏，应更换控制器。

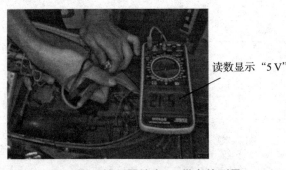

读数显示"5 V"

图4-30　控制器输出5 V供电的测量

（4）如果5 V供电正常，再转动转把，测量转把的信号线与地线，应有1~4.2 V

电压，如图4-31所示。如果无电压，说明转把损坏，应更换新件。

读数显示"4.3 V"

图4-31　转把电压的测量

（5）在转把正常的前提下，转动转把，测量控制器与电动机的两条引线，应有0～42 V的直流电压（36 V车）。如果无此电压，说明控制器损坏，应更换新件，如图4-32所示。

读数无显示

图4-32　控制器输出电压的测量

2. 有刷车飞车（打开电源，电动机高速运转）故障的排除流程

（1）有刷车飞车由以下原因造成

①调速转把损坏。

②调速转把的红、黑线有短路现象。

③调速转把的地线断路。

④控制器损坏。

（2）故障排除流程

①去掉调速转把的三芯插件，如果不飞车，说明调速转把损坏，应更换新件。

②检查调速转把的红、黑线有无短路处并排除。

③检查调速转把的黑色地线是否断路并排除。

④如果去掉调速转把的3条引线后，仍然飞车，经检查无以上两种情况，说明控制器烧坏，应更换新件。

【技术指导】

实际上，控制器烧坏造起的飞车，大多是由于控制器内的MOS管击穿引起的。可用万用表的电阻挡测量MOS管的3个引脚，好的MOS管应该没有短路（0Ω）现象。如果MOS管损坏，则可以通过更换同型号的MOS管来排除故障。MOS管的测量如图4-33所示。MOS管的更换如图4-34所示。

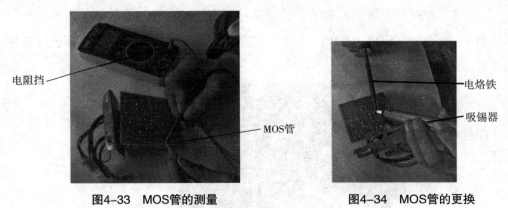

图4-33　MOS管的测量　　　　　图4-34　MOS管的更换

二、无刷控制器损坏故障诊断技巧

1. 无刷控制器损坏，仪表上有电，电动机不转的诊断流程

（1）去掉闸把连线，打开电源开关，转动转把试车，如果电动机旋转，说明闸把损坏，应更换新件。

（2）将万用表设置在直流"200 V"挡，打开电源锁，测量控制器的红、黑电源线是否有与蓄电池组一致的电压，如果没有电压，检查电源锁和整车的熔断器（20 A或30 A）；如果有电压，说明控制器已经供电，应进一步检查。

（3）先测量控制器输出转把的5 V供电，如果无5 V电压，说明控制器的5 V供电损坏，应更换控制器。

（4）如果5 V供电正常，再转动转把，测量转把的信号线与地线之间，应有1～4.2 V电压，如果无电压，说明转把损坏，应更换新件。

（5）在打开电源锁的情况下，用万用表的直流"20 V"挡测量霍尔元件的红、黑电源线，看是否有5 V供电电压，如果无，说明控制器损坏；如果有5 V电压，可用手慢慢转动电动机，测量霍尔元件的蓝、绿、黄信号线对黑色地线应有0~5 V的电压变化，由此说明霍尔元件正常。如果霍尔元件损坏（其中1个、2个或3个），应同时更换3个霍尔元件。

（6）在转把和霍尔元件正常的前提下，转动转把，测量控制器与电动机的3条引线中的任意两条，应有0~40 V的交流电压（48 V车），而且AB、BC、AC三次的测量结果基本相同。如果无此电压，说明控制器损坏，应更换同型号的新件。

2. 无刷控制器的简要判断方法

由于无刷控制器的判断流程较复杂，所以下面介绍无刷控制器的简要判断方法。

（1）选用数字式万用表的二极管挡，用红表笔接控制器的负极线，黑表笔依次测量控制器主线的蓝、绿、黄线的电压，3条引线测得的结果在550 mV左右（因型号不同，读数可能不同），读数基本一致，表示控制器基本正常，否则表示控制器损坏，应更换新件，如图4-35所示。

二极管挡　　　　　　　　　　　红表笔

图4-35　用二极管挡测量无刷控制器

（2）选用指针式万用表的"R×1 k"电阻挡，用红表笔接控制器的负极线，黑表笔依次测量控制器的主线蓝、绿、黄线，读数应在33 kΩ左右（因型号不同，读数可能不同），并基本一致，表示控制器基本正常，否则表示控制器损坏，应更换新件。

（3）经过以上测量（指测量场效应管，即MOS管），如果测量读数不正常，说明控制器损坏；如果以上测量都正常，说明控制器基本正常，但还需将控制器接上整车，接通电源，取消刹车线，试车。

三、无刷电动自行车综合检测仪检测

首先把原车的无刷电动机与控制器的插头线一起断开，然后将检测仪的五芯线公插头与控制器的五芯线母插头对接牢固，将检测仪的黄、绿、蓝三条子弹头线与无刷控制器的黄、绿、蓝三条粗相线对接牢固，再打开电源锁，将转把转至最大位置，观察控制器对应颜色线上的发光管是否依次有规律交替亮暗，是则表明控制器正常。如果有一组发光管长亮或不亮，证明该相线的功率管已损坏，应更换功率管或控制器，更换后即可排除故障。用检测仪检测无刷控制器如图4-36所示。

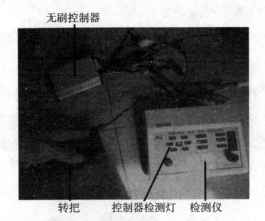

图4-36　用检测仪检测无刷控制器

第五章 电动自行车蓄电池的故障维修

第一节 电动自行车蓄电池的功能特点

电动自行车的蓄电池又称电瓶，是一种可反复充电使用的电池。蓄电池的作用是将化学能转化为电能，为电动自行车提供动力。如图5-1所示为电动自行车的蓄电池。

图5-1 电动自行车的蓄电池

一、电动自行车电池的种类特点

根据电池内部化学成分的不同，电动自行车蓄电池可分为铅酸蓄电池、锂离子蓄电池等。

因价格低廉，容易被消费者接受。铅酸蓄电池是目前电动自行车市场应用最广泛的蓄电池，但长期低电量使用会加速铅酸蓄电池的老化。锂离子蓄电池是目前最轻的电动自行车蓄电池，为电动自行车小型化提供了条件，但成本较高。如图5-2所示为铅酸蓄电池和锂离子蓄电池的实物外形。

轻巧的圆柱形
锂离子蓄电池

笨重的方形
铅酸蓄电池

图5-2　铅酸蓄电池和锂离子蓄电池的实物外形

二、铅酸蓄电池和锂离子蓄电池的区分方法

电动自行车蓄电池的表面有产品标识。由于铅酸蓄电池占有很大的市场份额，因此锂离子蓄电池表面会标注有"锂离子"字样。从形状上看，铅酸蓄电池大多呈方形，锂离子蓄电池有方形、圆柱形、软包等形式。从体积上看，铅酸蓄电池通常比锂离子蓄电池小；从重量上看，铅酸蓄电池一般比较重，一个成年男子手提电动自行车的一组铅酸蓄电池会有明显的负重感；锂离子电池较轻，重量约为同体积铅酸蓄电池的30%～40%。

【技术指导】

使用锂离子蓄电池时应注意，当电池在过充电和过放电的状态下，可能会过早失效。目前，电动自行车上使用的锂电池多采用串联电池组，而串联电池组的保护电路的复杂程度远远超过单体电池的保护电路，其材料成本也大大增加。

第二节　电动自行车蓄电池的工作过程

一、电动自行车蓄电池的结构

对电动自行车蓄电池进行检修前，应首先了解蓄电池的结构。常见的铅酸蓄电池和锂离子蓄电池的结构有很大的差异。

1. 铅酸蓄电池的结构

铅酸蓄电池目前是电动自行车最常使用的供电装置。铅酸蓄电池主要是由正负极板、隔板、电解液、电池外壳、安全阀和极柱等部分组成的。如图5-3所示为铅酸蓄电池的内部结构图。

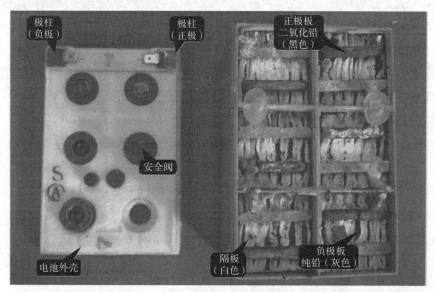

图5-3　铅酸蓄电池的内部结构

2. 锂离子蓄电池的结构

如图5-4所示为锂离子筒状蓄电池的结构图。从图中可以看出，锂离子蓄电池主要是由隔膜板、正极板、负极板、电解液、绝缘板等部分构成的。

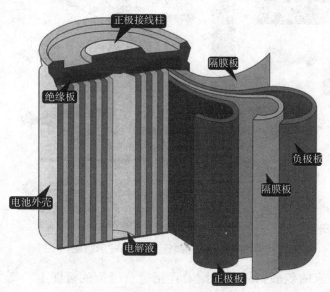

图5-4　锂离子筒状蓄电池的结构图

二、电动自行车蓄电池的工作原理

在认识了蓄电池的结构后，还应了解蓄电池的工作原理。不同结构的铅酸蓄电池和锂离子蓄电池的工作原理也不同。

1. 铅酸蓄电池的工作原理

铅酸蓄电池内部以二氧化铅作为正极，纯铅作为负极，这两种活性物质与硫酸水溶液共同作用下实现电池的充放电过程。

（1）铅酸蓄电池的放电原理

如图5-5所示为电动自行车铅酸蓄电池放电原理示意图。铅酸蓄电池放电的过程，就是化学能转化为电能的过程。当电池外接连接线路进行放电时，在电流的作用下，电解液内部处于电离状态，正极板上的二氧化铅与负极板上的纯铅就与电解液中的硫酸起了化学反应，从而生成硫酸铅和水，化学方程式为：$PbO_2+2H_2SO_4+Pb=2PbSO_4+2H_2O$。

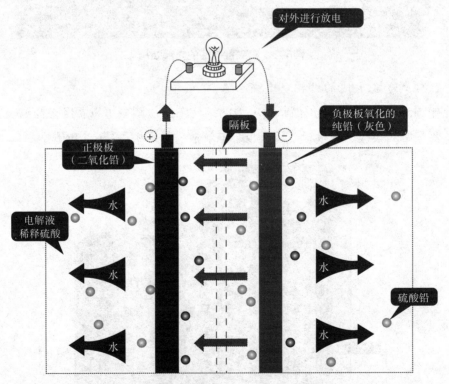

图5-5　铅酸蓄电池放电原理示意图

此时，生成的硫酸铅将分别附着在正、负极板的板面上，而生成的水则重新回到电解液中。随着放电的进行，电解液浓度逐渐下降，正、负极板上的硫酸铅逐渐积累。当这个过程发展到一定的程度，放电极化现象越来越重，正极板的电势越来越趋向于负，负极板电势越来越趋向于正，电解液中硫酸的密度越来越低，电池的电压低到终止电压时，放电就终止。

【技术指导】

蓄电池若过度放电，细小的硫酸铅将结成较大的结晶体，增大极板电阻，影响充电时的还原。周而复始，便会影响蓄电池的使用寿命。

（2）铅酸蓄电池的充电原理

如图5-6所示为电动自行车蓄电池充电原理示意图。铅酸蓄电池充电的过程正好与放电过程相反。利用直流电源进行充电，可将硫酸铅恢复为原来的活性物质，即铅和二氧化铅。其化学方程式为：$PbSO_4+2H_2O+PbSO_4=PbO_2+2H_2SO_4+Pb$。

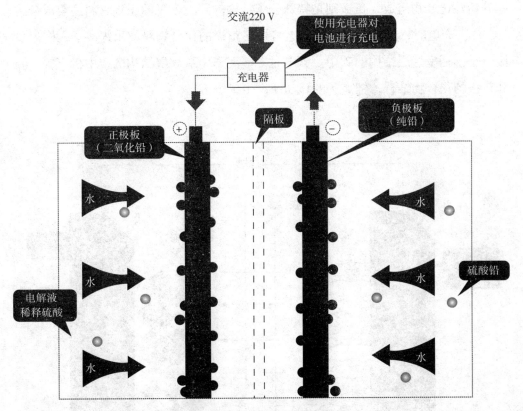

图5-6 铅酸蓄电池充电原理示意图

当外部供给电压时，附着在正、负极板上的硫酸铅逐步溶解，其与电解液中的水相互作用，使电解液中硫酸浓度不断升高。当这个过程进行到一定程度，充电极化现象越来越重,正、负极板先后分别析出氧和氢,充电电流使之发生水解,电解液中硫酸密度越来越高,正极板电势和负极板电势逐渐增强,电池电压不断升高,最终达到充满电的状态。

【技术指导】

充电到最后阶段时,充电电流几乎都用在水的电解上,产生氢和氧,电解液也会随之减少一小部分。长时间使用的蓄电池,其内部电解液会减少很多,此时添加适量的蒸馏水即可。

2. 锂离子蓄电池的工作原理

如图5-7所示为锂离子蓄电池的原理示意图。锂离子蓄电池的正极通常是由锂的活性化合物组成,负极则是特殊分子结构的碳。常见的正极材料主要成分为$LiCoO_2$。充电时,加在电池两极的电势迫使正极的化合物释放出锂离子,嵌入负极分子排列呈片层结构的碳中。放电时,锂离子则从片层结构的碳中析出,重新和正极的化合物结合,锂离子的移动便产生了电流。

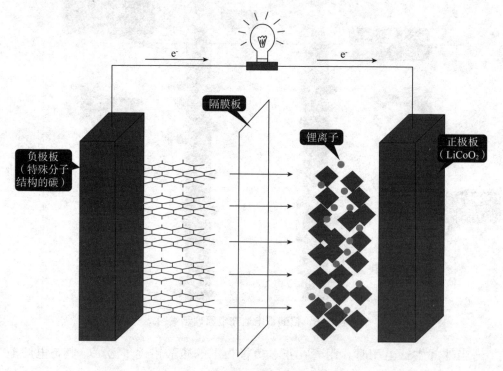

图5-7 锂离子蓄电池的原理示意图

第三节　电动自行车蓄电池的故障维修过程

一、电动自行车蓄电池的故障检修方法

对电动自行车蓄电池的检修主要包括检测和修复两大部分。另外，由于有些蓄电池损坏后是可以进行修复的，有些损坏是无法修复的，因此正确掌握蓄电池各项性能以及参数的检测方法，是学习电动自行车蓄电池检修的基本技能。而且，只有在能够确认蓄电池的损伤程度和原因的基础上，才能进行有针对性地有效修复。

在对电动自行车电池进行检测操作之前，应首先用肉眼观测电池外形是否完好。检查电池外壳是否出现凸出、漏液、裂痕、电瓶接线端子腐蚀等。如果有这些现象，说明电池已经坏死，如图5-8所示。

外壳出现裂痕

极柱和外壳的腐蚀

图5-8　损坏的电池实物图

1. 电动自行车蓄电池的检测

对电动自行车的蓄电池进行检测，通常可以检测铅酸蓄电池的电压、安全阀、内部电解液以及容量；锂离子蓄电池通常为密封状态，故障率很低，通过检测电压来判断是否正常。

（1）蓄电池电压的检测方法

蓄电池的性能状态最终体现在电池的容量和电压上。由于蓄电池的电压可以在一定程度上反映出电池性能的好坏，因此可用万用表测量蓄电池的电压，根据电压高低来简单判断电池性能的好坏。以48 V铅酸蓄电池为例，其内部是由4个

12 V的单电池串联构成的。

　　检测电动自行车蓄电池电压时，一般应先对其电池组的总电压进行检测，如图5-9所示为48 V铅酸蓄电池总电压的测量方法。

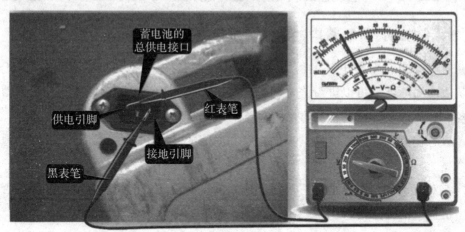

图5-9　48 V铅酸蓄电池总电压的测量方法

　　正常空载情况下，48 V电池实测电压约为51 V。若经上述检测，电池总电压偏低，则可将蓄电池盒打开，检测单个电池的电压，并找出不良的单电池。

【技术指导】

　　不同电压的蓄电池的检测方法是相同的。电动自行车的36 V蓄电池内部是由3个12 V的单电池串联构成，36 V电池实测电压约为37.8 V。

　　电动自行车蓄电池内部单个电池的检测方法如图5-10所示。

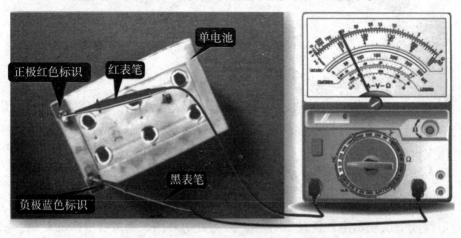

图5-10　蓄电池内部单个电池的检测方法

一般正常情况下，各单个电池的电压应保持一致，其电压值应在12 V左右。如果该电压值偏差较大，如电压低于正常值的2 V左右，则说明这块电池本身状况不良；如果端电压超过13.5 V，说明电池失水比较严重，甚至可能还有硫化发生。

【技术指导】

利用万用表测电池电压的方法，一般只能简单进行初步判断电池的好坏，而且在检测蓄电池总电压时，应尽量不要在刚刚充满电时进行检测，刚充满电的蓄电池电压一般会偏高一些。

根据维修经验，若电动自行车的蓄电池使用一会儿后或充好电后静置过数小时，在充电插头处测量其总电压，若实测为48 V或稍高点（对于48 V蓄电池来说），则一般可表明电池正常。

若只能达到46 V或以下，则表示可能其内部有一个电池不良（48 V蓄电池中共有4个单电池组，每个单电池组是由6个2 V电池串接成为12 V），此时，可通过图5-21所述方法逐个检测单个电池的电压，显示10 V左右的单电池为损坏电池。

另外，值得注意的是，还可通过对蓄电池的充电时间来初步判断电池的好坏：若在蓄电池中，有一个电池不良（四组电池中仅仅一组为10 V，一般低于10.8 V或无电压即为损坏），其总电压能达到46 V时，充电器一般仍然能显示充满而显示绿灯，只是充电时间需要延长0.5～1小时；当有两个以上电池不良时，用充电器给低于46 V的电池充电，一般充电池不能显示充满状态，且一直不能由红灯转为绿灯。

（2）蓄电池容量的检测方法

蓄电池的容量是反映电池的实际放电能力的关键参数，通过对蓄电池容量的检测也可准确判断出电池的性能，一般电池容量的检测则需要专业的电池容量检测仪来进行，检测时将红色连接线接蓄电池的正极（红色端子），黑色连接线接蓄电池的负极（蓝色端子），转动放电波段调节开关，选择放电电流（这里选择5 A），并按下放电按钮开始放电，当测试仪显示屏显示电池放电电压到10.5 V时，停止放电，记录放电时间，其检测方法如图5-11所示。

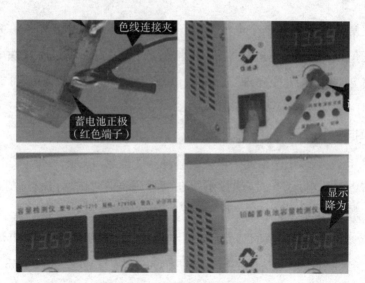

图5-11　铅酸容量的检测方法

根据公式计算蓄电池实际容量，并与标称容量相比较，即可判断电池性能。蓄电池容量计算公式：

蓄电池容量＝放电时间×放电电流

实际测量时，放电电流为5 A，记录放电时间为2小时，根据公式计算，其蓄电池的容量为：蓄电池容量=5 A×2 h=10 A·h（工作电流为5 A的情况下，可使用2小时）。

与标称电池容量10 A·h相同，表明该电池容量正常，电池本身性能良好。若在实际测量时，放电时间为1.2 h，那么该蓄电池当前实际容量为：

蓄电池实际容量＝5 A×1.2 h=6 A·h

实测蓄电池容量为标称容量的60%，电池性能不良，需要及时维护和修复。

【关键提示】

值得注意的是，使用蓄电池容量测试仪检测蓄电池的容量时，放电完成后，需要先按下放电"停止"按钮或转动放电调节开关到"关"的状态，再拔下蓄电池一端的连接线。

另外，上述对蓄电池容量的检测采用了专业的测量仪表，一般情况下，还可通过一次充电续行里程的减少比值来简单判断蓄电池容量。例如，新的48 V-10 A·h蓄电池一次充电后，可在平坦的道路上正常行驶2小时以上（40～50 km），当一次充电后只能正常行驶1小时的情况下，表明蓄电池电量已经下降一半，需要进行维护。

另外，值得注意的是，经检验和测试，若充电后蓄电池的容量能够达到其额定容量的30%以上，则该蓄电池还能够修复。

（3）铅酸蓄电池安全阀的检测方法

铅酸蓄电池安全阀的检测，需要将电池的盖板打开，首先通过外观进行观测，看是否有漏液情况，如果安全阀损坏，将造成电解液外溢等现象。另外，还可通过打开时的声音来判断安全阀的质量。其检测方法如图5-12所示。

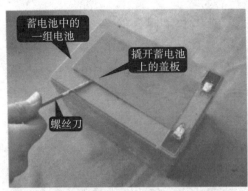
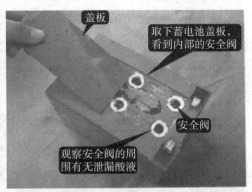
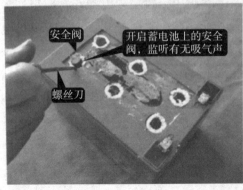
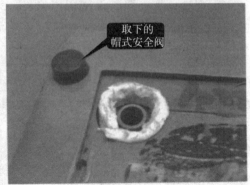

图5-12 铅酸蓄电池安全阀的检测方法

通常，正常的安全阀在用一字螺丝刀打开时，会听见"吱"的一声（空气进入的声音），且其外围应干净整洁，取下和盖上安全阀时应能感到一定的弹性。若经检测安全阀开启时无声音、弹性下降、老化，则应及时进行更换。

（4）铅酸蓄电池电解液的检测方法

对铅酸蓄电池电解液的检测通常是对电解液的干湿程度（是否缺水）、是否变质等方面进行检测。由于在正常情况下，铅酸蓄电池内部的电解液全部吸附在电池的隔膜中，没有游离的电解液，因此，很难通过直接观察来判断电解液当前状态。

然而，由于蓄电池中电解液的状态，直接体现在电池容量上，从而在大多数情况下可根据蓄电池的性能来判断电解液状态。电解液的损耗就意味着电池电量和性能的降低，明显的特征表现为一次充电后，续行里程明显缩短；另外，若充电过程中充电器指示灯不转换、充电发热异常，则表明蓄电池电解液已失水严重。

【技术指导】

在日常使用过程中电池经常出现过充电、欠充电、过放电、使用环境温度过高等现象，这些不规范的操作通常是导致蓄电池内部电解液缺水、干涸，引起电池失效的重要原因。特别是长期对电池进行过充电，致使电解液中的大量水分电解，产生气体，并散失掉，大量缺水后使蓄电池的化学反应无法进行，从而产生电池硫化现象，大大降低了电池的使用寿命和效率。

（5）铅酸蓄电池单格电池的检测方法

从前面铅酸蓄电池的结构和原理可以了解到，电动自行车的铅酸蓄电池由多个电池组构成，每个电池组由6格单电池串联构成，每格单电池正常时电压为2 V。了解和掌握单格电池电压的检测方法，对于排查电池组中的故障单格电池，以及为后面的修复做好准备。

铅酸蓄电池中单格电池通常采用外延法进行检测，即在电池组内两个单格电池的跨桥焊上打上自攻螺钉，以此引出极柱电流，外接上灯泡或电压表进行检测，其检测原理如图5-13所示。

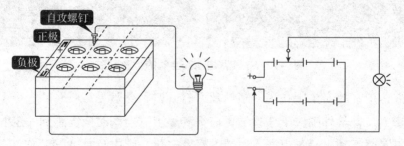

图5-13　铅酸蓄电池单格电池电压的检测方法示意图

实际检测时，通常先以3格为一组进行检测，即首先在电池6格中间的跨桥焊上打上自攻螺钉，分别判断靠近负极的3格电压和靠近正极的3格是否正常，缩小故障范围后，再对有异常的一组进行检测，直到检测出故障的某一个单格。铅酸蓄电池单格电池电压的检测操作如图5-14所示。

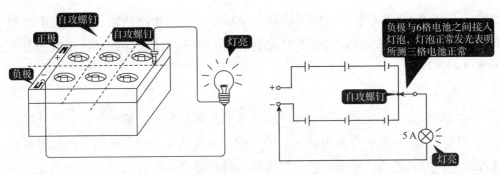

连接示意图　　　　　　　　　　等效电路图

(a)首先在6格电池的中间跨桥焊上打上自攻螺钉，并接入灯泡

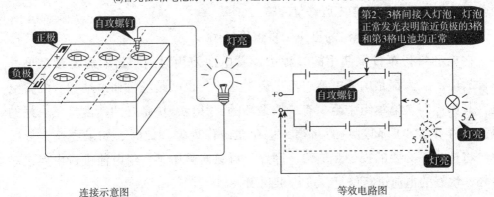

连接示意图　　　　　　　　　　等效电路图

(b)在第2格和第3格之间的跨桥焊上打上自攻螺钉，并接入灯泡

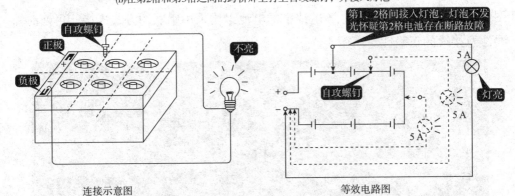

连接示意图　　　　　　　　　　等效电路图

(c)在第1格和第2格之间的跨桥焊上打上自攻螺钉，并接入灯泡

图5-14　铅酸蓄电池单格电池电压的检测操作

【技术指导】

　　检修蓄电池时，常常会遇到"蓄电池短路"这一故障。这里，蓄电池短路的故障是指单格电池内出现短路。无论蓄电池在充足电或亏电状态，一旦端电压数

值比正常数值小2 V左右时，即可确认有单格电池出现短路故障。由于蓄电池组的总电压下降2 V，还会造成充电时充电阶段不转换，进而导致其他正常的蓄电池因过充而损坏。

2. 电动自行车蓄电池的修复方法

电动自行车蓄电池在使用过程中，常常会出现各种各样的故障，而不同的故障所对应的损伤原因和程度不相同，采用的修复方法也不同，甚至有些故障可以通过简单作修复使用，如更换某一组电池、补水修复、补充电解液等。而有些故障则需要专业的修复仪器进行修复，如蓄电池硫化的修复等。另外一些故障将导致蓄电池完全失效，属于不可修复故障。

（1）蓄电池中电池组的更换（重组修复）

在电动自行车日常使用的过程中，蓄电池使用时间明显缩短是最常见的一种故障。其大都是内部电池组不平衡引起的，也就是说，如果是48 V的蓄电池，其内部四块电池组中至少有一块是坏的，其他三块是好的，但是三块好的电池也存在放电时间过短的问题，也存在硫化现象。此时，如果更换全部电池，将造成不必要的损失和浪费，因此，可只对其中某一组电池进行更换，对另外三块好的电池进行修复，进行再利用。

在对蓄电池中的电池组进行更换前，需要先了解蓄电池组间的连接方式，如图5-15所示，正常情况下，蓄电池中的电池组均采用串联的方式连接，更换时需要注意接线的正确性。

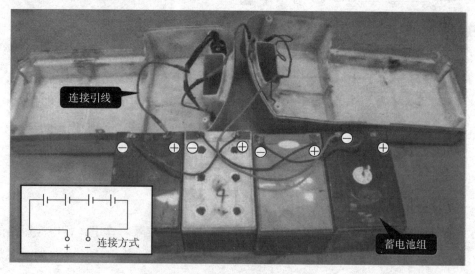

图5-15　蓄电池的电池组的连接方式

通过检测找出损坏的电池组，然后再对其进行更换。更换操作时首先将损坏的电池组从蓄电池盒上取下，并将电池组两极柱上的连接线拆焊，如图5-16所示。

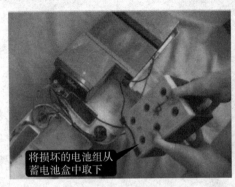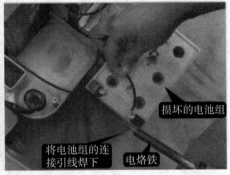

图5-16 取下损坏的电池组

接着将性能良好的新电池组放入原损坏电池组的位置，并焊接好连接引线，如图5-17所示。

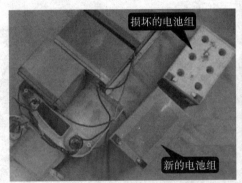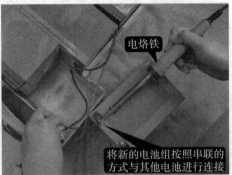

图5-17 连接新电池组

确认焊接点焊接牢固，将电池重新装入电池盒中，如图5-18所示。

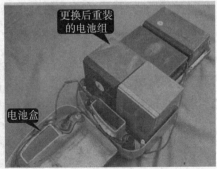

图5-18 将电池组重新装入电池盒中

检测蓄电池的总电压，并将电池重新装入电池盒中，如图5-19所示。

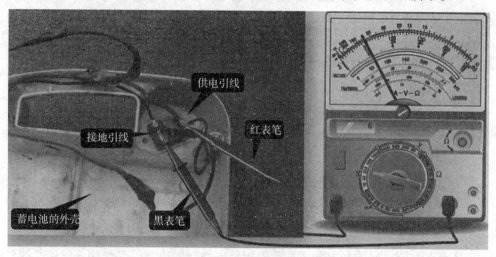

图5-19　蓄电池的总电压检测

将电池盒重新封装，更换完成，如图5-20所示。

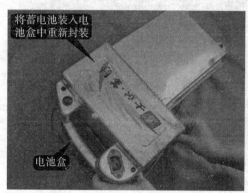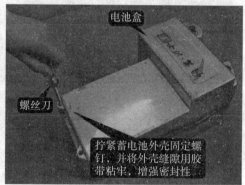

图5-20　蓄电池的重新封装

（2）蓄电池的补水（或电解液）修复

蓄电池缺水是对电池进行修复操作中最常见到的一种故障，该类故障多是由日常使用不当，如过充电、欠充电和过放电等造成的，其修复操作一般比较简单，通常打开蓄电池盖板和安全阀，向排气孔中注入蒸馏水或电解液即可。

蓄电池的补水（或电解液）修复操作时，首先撬开蓄电池上方的盖板，可以看到6个安全阀，如图5-21所示。

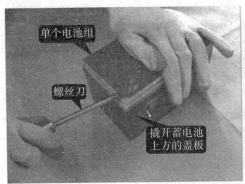

图5-21　撬开蓄电池上方的盖板

然后打开安全阀，露出排气孔，并将安全阀周围的填充物取下，如图5-22所示。

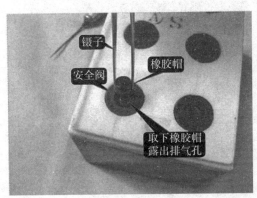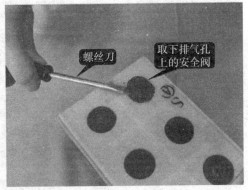

图5-22　打开安全阀并取下周围的填充物

用注射器将蒸馏水或电解液从排气孔注入，如图5-23所示。

图5-23　注入蒸馏水

将修复的蓄电池进行充电，充满电后，再浮充2小时，如图5-24所示。

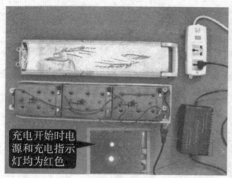
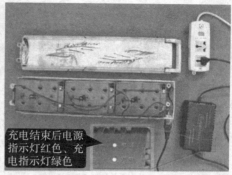

充电开始时电源和充电指示灯均为红色

充电结束后电源指示灯红色、充电指示灯绿色

图5-24　将修复的蓄电池进行充电

充电完毕后，盖上安全阀橡胶帽，并恢复填充物，如图5-25所示。

安全阀

重新盖好安全阀

恢复安全阀周围的填充物

图5-25　盖上安全阀橡胶帽并恢复填充物

在蓄电池上适当位置涂抹黏合剂，盖上蓄电池盖板，如图5-26所示。

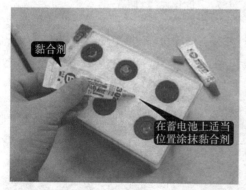

黏合剂

在蓄电池上适当位置涂抹黏合剂

盖上蓄电池盖板使其与蓄电池黏合

图5-26　黏合蓄电池盖板

【技术指导】

在上述操作中，值得注意的是，使用一次性注射器补充电解液时，一定要去

掉金属针头；补水操作中严禁用普通饮用水代替蒸馏水。

另外，对蓄电池进行补水后，第一次充电先不要盖上橡胶帽，充满电后，最好再浮充2小时左右，充满电后，查看排气孔中的白色纤维，以看不到流动的水为准，如果太干，则需要再补充一些水，如果有流动的水，则应继续开帽充电，使水蒸发掉，或用注射器吸走多余的水分。

若经修复后的蓄电池仍未能达到增加容量的目的，则可能是蓄电池正极板软化严重，该类电池基本上无法修复，应作报废处理；若对修复的电池充电30分钟后，测试单组蓄电池电压仍低于12 V的，多为蓄电池内部短路，该类电池也基本上无法修复，应作报废处理。

（3）蓄电池的硫化修复

蓄电池的硫化是指在蓄电池的极板上生成白色坚硬的硫酸铅结晶，正常充电时，不能完全使其转化为铅和二氧化铅，这种现象即为硫酸铅盐化，简称"硫化"。

实际测试数据表明，对于蓄电池进行补水修复后容量没有达到60%的电池，可进行硫化修复处理，由此将有约2/3的电池可以修复至达到60%以上的容量，甚至还有部分电池的容量可以达到原容量的80%及以上。

【技术指导】

生成硫酸铅的原因大多是蓄电池过放电或放电后长期放置时，硫酸铅微粒在电解液中溶解，呈饱和状态，这些硫酸铅在温度低时重新结晶并析出。析出的结晶因一次次的温度变动而使聚集的结晶粒增大，这种硫酸铅结晶的导电性不良、电阻大，溶解度和溶解速度小，充电时不易还原，使极板中参加电化学反应的活性物质减少，从而导致蓄电池的容量大大降低和寿命缩短。

对蓄电池硫化现象的修复有多种方法，较常用的有水处理法和脉冲修复法。

①水处理法：采用水处理法进行蓄电池硫化处理，一般适用于硫化不太严重的情况，可按下面的步骤进行。

首先向蓄电池中加入蒸馏水，用以稀释电池中的电解液，用于提高硫酸铅的溶解度。然后对蓄电池进行充电，一般10 A·h的蓄电池可用0.5 A的电流充电20小时以上（20小时充电率），使结晶的硫酸铅溶解、缩小，直到正、负极板开始出现大量气泡（或监测蓄电池电压端电压2小时以上），电解液密度不再升高为止（充电过程中应注意防止环境温度过高，可对蓄电池进行降温处理，如将蓄电池下部分浸在凉水中）。

接着用10小时放电率进行放电，直到单格蓄电池电压均降至1.8 V为止。

放电后再充电，可重复2~3次，使蓄电池组中单格电池的电解液密度均匀，并在稳定状态时使其密度达到标准电解液密度的1.3倍左右。

用注射器或吸管将多余的电解液吸出。

测试蓄电池的容量，如果能达到标称容量的80%以上，则说明蓄电池修复成功。

【技术指导】

测量电解液的密度，一般使用吸取式密度计，经电解液从排气孔中缓缓吸入外筒，从浮标的刻度即可测知密度。

②脉冲修复法（专业仪器修复）：使用脉冲修复法对电池进行修复操作，通常需要使用专业的电池修复仪，该仪器可以发射脉冲电波，对电池进行修复和维护。电池的脉冲修复过程相对比较复杂，通常需要以下步骤：

首先对待修复的电池进行充电。当饱和指示灯常亮时，说明铅酸电池已经充电到100%，停止充电。

切断充电器的电源开关，静待30分钟，然后对铅酸蓄电池的开路电压进行复测。

在修复前，还需要对待修复的电池进行容量测试，记录下当前电池容量值，从而作为电池修复前后的对比。

对待修复的电池进行放电操作，可以使用专业的电池修复仪执行放电操作，调整放电波段调节旋钮，设置放电流量。通常，12 V/（10~12 A·h）电池选择4 A；12 V/（14 A·h）电池选择7 A；12 V/（17 A·h）电池选择10.5 A；12 V/（22 A·h）电池选择10 A。当放电电池的电压下降到10.5 V时，电池脉冲修复仪检测自动停机。

顺着排气孔撬开铅酸蓄电池上方的盖板，打开上盖板后便可以看到6个排气阀的橡胶帽。打开橡胶帽，露出排气孔，用吸管吸取配置好的电解液并从排气孔注入。电解液加注量的把握就是满过极板1 mm左右的高度即可。静态搁置一天后，再续添电解液至这个高度，可以用肉眼观察到排气孔内有流动的电解液。

对将充注完电解液的电池进行再次彻底的放电操作，将电池脉冲修复仪的调整放电波段调节旋钮至5 A，待电池电压降至0 V时，电池脉冲修复仪检测自动停机。

　　放电结束后，将电池与电池脉冲修复仪的修复端子进行连接，执行脉冲修复，其修复时间应在7小时左右，在修复的过程中，应不断注意观察排气孔中的电解液，应有流动的电解液。

　　电池进行脉冲修复后，可重新使用电池脉冲修复仪对其进行放电操作，当对10 A电池进行放电操作时，将放电波段调节旋钮至5 A，待电池降至10.5 V时，放电时间达到100分钟，可表明该电池的脉冲修复操作达标。对于未达标的电池，则需要重新进行充电后，再进行一次脉冲修复操作。

　　可继续对修复后电池的电压和容量等性能指标进行检测对比。正常情况下，其电压值应超出其额定电压值。

　　上述检测均正常后，将电池静置晾干。观察排气孔中的电解液，可用吸管吸出多余的电解液。

　　重新盖上排气阀，注意密封措施的稳妥修复。最后盖上电池的上盖板。

　　由于过充电、过放电和欠充电而产生硫化的电池，以上方法的修复效果是非常明显的。但是并不是所有电池都可以进行修复操作，对于极板活性物质脱落的电池，短路、断格的电池是不能修复的。通常，所有极板软化、断格的电池都是因为长期的硫化而导致的，所以一定要提前及时治疗，延长电池的使用寿命。

　　【技术指导】

　　脉冲修复的原理是比较复杂的。任何晶体的谐振频率与晶体的尺寸有关。晶体的尺寸越大，谐振频率越低。如果充电采用前沿陡峭的脉冲，利用傅里叶级数进行频率分析可以知道脉冲会产生丰富的谐波成分，其低频部分振幅大，高频部分振幅小。这样大硫酸铅结晶获得的能量大，小硫酸铅结晶获得的能量小，从而形成大硫酸铅结晶谐振的振幅大，在正脉冲充电期间比小硫酸铅结晶容易溶解。这样粗大的硫酸铅结晶就被溶解了。采用高频正、负脉冲发生器对电池不断地产生高低变频脉冲，既溶解了大硫酸铅晶体，又破坏了大硫酸铅晶体继续生长的条件，最终达到了消除电池硫化的目的。这种方法修复效率高，对严重硫化的铅酸电池修复效果是过去的3～4倍，修复率达到90%以上，此技术的应用极大减少了电池的报废数量。

　　【技术指导】

　　近年来出现的铅酸蓄电池修复技术有很多，主要有：

　　●采用大电流充电，使大的硫酸铅结晶产生负阻击穿来溶解的方法。该方法会降低电池使用寿命，不建议采用。

●负脉冲法，就是在充电过程中加入负脉冲。该方法可以减低电池温升，但是修复率只有20%左右。

●添加活性剂。该方法成本高，改变了电解液的原结构，也会降低电池使用寿命，修复率约为45%。

●高频脉冲修复法，就是采用脉冲波使硫酸铅结晶体重新转化为晶体细小、电化学性高的可逆硫酸铅，使其能正常参与充放电的化学反应，修复率约为60%。但修复时间长，需数十小时以上，甚至一周的时间，并且对严重"硫化"的电池修复效果不理想。

●组合式谐振脉冲修复法。该方法是利用充电脉冲中的高次谐波与大的硫酸铅结晶谐振，在修复过程中消除电池硫化。这种方法修复效率高，对电池损伤小，可以适当延长电池的使用寿命，减少用户更换电池的次数和费用，目前正被广泛采纳。

二、电动自行车蓄电池的故障检修实例

1. 电动自行车不能充电的检修实例

（1）故障现象描述

一辆电动自行车，可以推动也可以骑行，但充电后不能启动，指示盘显示电量低。

（2）故障分析指导

通常情况下，电动自行车可以推动也可以骑行，说明机械系统基本正常，指示盘显示电量低说明电池或充电器可能存在故障，通常需要更换充电器进行充电。若充电正常则检查充电器电路，若依然不能充电则应对蓄电池进行检修。

（3）故障检修指导

更换电动自行车的充电器，发现故障依旧，电动自行车仍然无法充电，则怀疑蓄电池已经损坏，应首先对其进行检修。

在拆卸电动自行车的蓄电池时，应首先检测蓄电池的电压，经检测无电压，如图5-27所示。

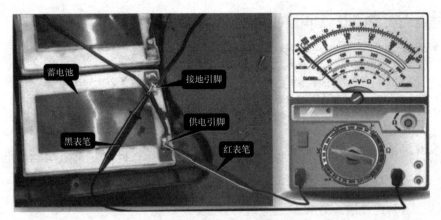

图5-27　检测蓄电池电压

　　使用电烙铁焊下蓄电池的连接线，取下单个电池组，经查看发现严重变形，更换性能良好的新电池组，如图5-28所示。

图5-28　用新电池组代换严重变形的电池组

　　焊接连接线使蓄电池组串联连接，如图5-29所示。

图5-29　焊接连接线

连接完成后充电，蓄电池可以充电，故障排除，电动自行车恢复正常。

2. 电动自行车蓄电池电量低的检修实例

（1）故障现象描述

一辆旧电动自行车，可以充电，但电量不足，行驶距离短。

（2）故障分析指导

通常情况下，电动自行车可以使用，说明没有严重问题。蓄电池电量低，怀疑是电池老化或充电器损坏。可对蓄电池进行拆卸，若蓄电池正常则进一步排查充电器，若蓄电池有老化现象则应进行修复。

（3）故障检修指导

对蓄电池进行拆卸，在充电状态下为蓄电池添加蒸馏水。

首先打开蓄电池的安全阀，同时接通电源为蓄电池充电，如图5-30所示。

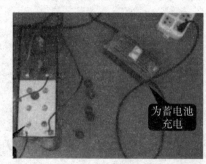
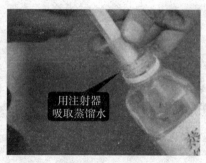

图5-30　打开安全阀并为蓄电池充电

然后将蒸馏水注入蓄电池中，如图5-31所示。

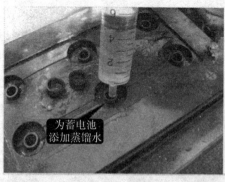
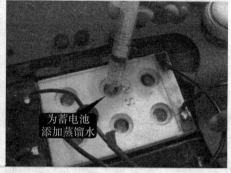

图5-31　将蒸馏水注入蓄电池中

经使用，蓄电池可以充满电，电动自行车恢复正常。

3. 电动自行车仪表盘电源指示灯不亮、电动机不转的检修实例

（1）故障现象描述

一辆新电动自行车，用钥匙打开电门锁电源，仪表盘电源指示灯不亮，转手把，电动机不转。

（2）故障分析指导

通常情况下，仪表盘电源指示灯不亮，转手把，电动机不转，可能是电动自行车无供电电压，从而导致电动自行车整体不能进入运行状态。此时可将一性能良好的电池与该电动自行车进行连接，若电动自行车运转正常，则确定是电池本身存在故障，应对蓄电池进行检查修复。

（3）故障检修指导

对蓄电池进行检查，应检查电池盒上的保险丝、电源插头以及电门锁，若不能排除故障，还应检查电池壳内的连接线是否接触不良。

首先检测电池盒上保险丝是否烧坏，如图5-32所示。用手旋转保险丝安装阀，将保险丝从中取出，仔细观看保险丝内部是否有烧断现象。

图5-32 检测电池盒上保险丝是否烧坏

检测后，发现保险丝并无故障，继续检测电池盒上的电源插头以及电门锁，没有烧坏痕迹，如图5-33所示。

图5-33 检测电池盒上的电源插头以及电门锁是否有烧坏现象

接下来打开电池壳体，继续检测电门锁引线或电源插头引线是否有断路或接触不良，发现引线有虚焊的现象，使用电烙铁进行焊接，如图5-34所示。

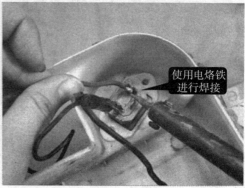

图5-34　检测发现引线有虚焊应进行焊接

将电池重新复原，并放入电动自行车上，连接好电源线插头，开启电源开关后，发现故障排除，电动自行车恢复正常。

第六章　电动自行车充电器的故障维修

第一节　电动自行车充电器的功能特点

充电器是电动自行车重要的配套器件，其主要功能是将交流220 V电压转换成36 V或48 V左右的充电电压，从而为电动自行车的蓄电池输送电量。充电器性能的好坏将直接影响电动自行车蓄电池的使用寿命和工作时间。如图6-1所示为电动自行车的充电器。

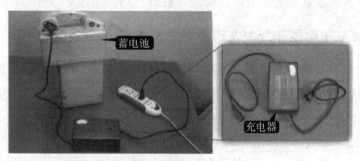

图6-1　电动自行车的充电器

一、电动自行车充电器的种类特点

根据充电器输出的直流电压值，充电器可分为36 V和48 V两类。如图6-2所示为典型的36 V和48 V充电器的实物外形。此外，充电器根据蓄电池容量还可进行分类，例如36 V/10 A·h、36 V/12 A·h或48 V/14 A·h、48 V/17 A·h等。

图6-2　典型36 V和48 V充电器的实物外形

【技术指导】

电动自行车的充电器根据充电模式的不同还可分为两段式和三段式充电器。

①两段式充电器是采用先恒流后恒压的充电方式。即初步进行充电时，其充电器的电流值将一直保持恒定不变状态，电压则保持上升状态。当电压充到一定额度时，充电器的电流值将逐渐减小，而其电压值在上升到充电器设定电压值后，将保持电压恒定不变的状态。由于采用两段式充电器对电池进行充电会对电池有过充或欠充情况，还会影响电池寿命，目前，多数电动自行车已不采用该类充电器。

②三段式充电器则分为恒流阶段，其恒定电流值应在1.5～1.8 A；恒压阶段，其恒压充电值应在40～44 V；涓流阶段，充电器将以100 mA的电流慢慢地进行充电。通常，充电器在第二阶段和第三阶段转换时，其面板上的指示灯将发生相应的变换，大多数充电器第一二阶段是红灯，第三阶段为绿灯。

二、48 V充电器和36 V充电器的区分方法

48 V充电器和36 V充电器可通过其外壳上的铭牌标识进行识别。此外，将充电器接入电源，在不连接蓄电池的情况下，检测充电器输出的空载直流电压，也可判断充电器的类型。通常48 V充电器输出电压在50～57 V，36 V充电器输出电压在38～45 V。如图6-3所示为48 V充电器的识别。

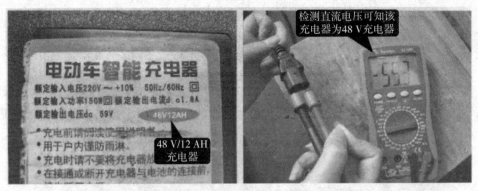

图6-3　48 V充电器的识别

【技术指导】

使用指针万用表检测充电器输出的空载电压时，要注意输出端的正、负极性，以防指针出现反偏摆，损伤万用表。

第二节　电动自行车充电器的工作过程

一、电动自行车充电器的结构

1. 充电器的外部结构

如图6-4所示，为充电器的外部结构。从图中可以看出，充电器呈长方形，塑料盒内部固定有电路板，充电器引出两条电线：一条配有两芯或三芯输入插头，用来输入交流220 V电压；另一条配有圆芯或方芯输出插头，同时与蓄电池进行连接。

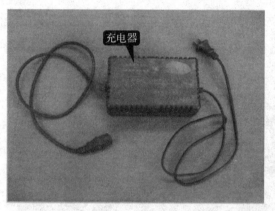

图6-4　充电器的外部结构

（1）输入插头

电动自行车的输入插头是与市电220 V交流电压连接的插头，该插头通常采用两芯和三芯的标准插头，如图6-5所示为典型的两芯和三芯充电器输入插头。

图6-5　典型的两芯和三芯充电器输入插头

（2）输出插头

电动自行车的输出插头是与电动自行车电池连接的插头，该插头通常采用圆芯和方芯插头两种，如图6-6所示为典型的圆芯和方芯输出插头。

(a)圆芯输出插头 　　　　　　　　　　　　(b)方芯输出插头

图6-6　典型的圆芯和方芯输出插头

2. 充电器的内部结构

如图6-7所示，为充电器的内部结构。将充电器拆开后，可看到内部的电路板以及散热风扇。充电器电路板上有多个电子元器件，该电路板属于典型的开关电源电路。

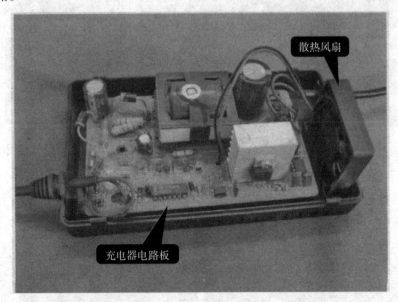

图6-7　充电器的内部结构

如图6-8所示，为充电器电路板的结构图。充电器电路板主要是由交流220 V输入端、熔断器、互感滤波器、桥式整流堆、滤波电容、开关振荡集成电路、开关晶体管、开关变压器、集成运算放大器、光电耦合器、发光二极管（指示灯）、散热风扇以及其他电子元器件构成的。

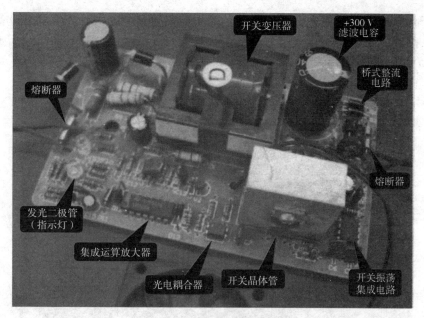

图6-8　充电器电路板的结构

（1）熔断器

熔断器俗称保险丝，在电路中作为过流保护元件使用。当充电器电路发生短路或异常时，电流会异常升高，此时过高的电流可能损坏电路中的某些重要器件，甚至可能烧毁整个电路。而熔断器会在电流异常升高到一定的强度时，通过熔断使电路切断，从而起到保护电路的作用。

在充电器电路中，熔断器通常被安装在交流输入电路和直流输出电路中，以确保充电器电路和蓄电池的安全。如图6-9所示为熔断器的实物外形。

图6-9　熔断器的实物外形

（2）互感滤波器

互感滤波器由两组线圈对称绕制而成，它的功能是通过互感作用滤除来自电源的干扰脉冲，同时使充电器的脉冲信号不会辐射到电网中对其他电子设备造成干扰，如图6-10所示为互感滤波器的实物外形。在电路中，互感滤波器通常用字母"L"表示。

图6-10 互感滤波器的实物外形

（3）桥式整流电路

桥式整流电路的作用是将交流220 V电压整流输出约+300 V的直流电压，通常，该电路由四个二极管构成，如图6-11所示为桥式整流电路的实物外形。

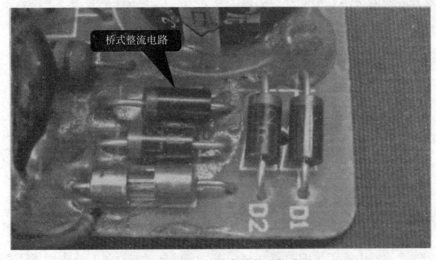

图6-11 桥式整流电路的实物外形

（4）300 V滤波电容器

+300 V滤波电容属于电解电容，它主要用来对桥式整流电路输出的+300 V直流电压进行滤波。如图6-12所示为+300 V滤波电容的实物外形。它在电路中体积较大，很容易找到。

+300 V滤波电容

负极

图6-12　300 V滤波电容器的实物外形

电容在电路中常用字母"C"表示。电解电容器具有正、负极性，电容器外壳上标有"—"的浅色标识一侧引脚为负极，用以连接电路的低电位或接地端。

【技术指导】

在直流输出电路中，安装有多个小容量的电解电容对输出的直流电压进行滤波处理，如图6-13所示。

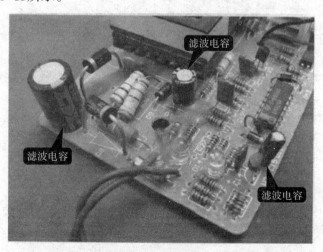

滤波电容

滤波电容

滤波电容

图6-13　直流输出电路中的电解电容

（5）开关振荡集成电路

开关振荡集成电路是产生开关脉冲的电路，脉冲信号经开关晶体管放大后去驱动开关变压器。如图6-14所示，为开关振荡集成电路的实物外形。

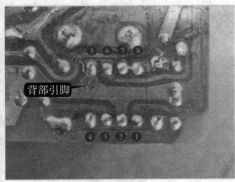

图6-14　开关振荡集成电路的实物外形

由图可知，该开关振荡集成电路的型号为UC3842，具有8个引脚，采用双列直插式塑料封装形式，如图6-15所示为开关振荡集成电路UC3842的内部结构框图。

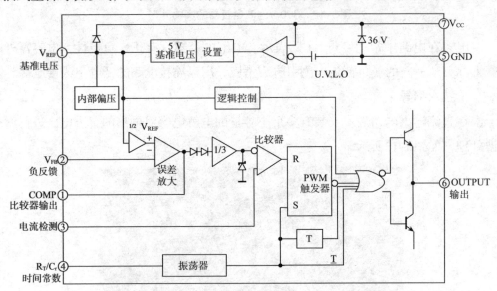

图6-15　开关振荡集成电路UC3842的内部结构框图

（6）开关晶体管

在充电器中，通常采用场效应晶体管或普通晶体管作为开关晶体管，如图6-16所示。开关晶体管可将开关脉冲电压变成驱动开关变压器的脉冲电流，由于它工作在高反压和大电流环境下，需要将其安装在散热片上。

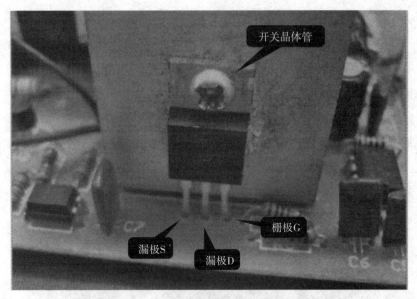

图6-16　开关晶体管的实物外形及引流脚功能

　　开关晶体管本身一般不会标注引脚标识，在检测之前需要先进行判别，这时可根据对应电路图纸以及电路板印制线，判断出引脚功能。

　　（7）开关变压器

　　开关变压器是一种脉冲变压器，可将高频高压脉冲变成多组高频低压脉冲，其工作频率较高为1～50 kHz。如图6-17所示为开关变压器的实物外形。

图6-17　开关变压器的实物外形

开关变压器是开关电源电路中具有明显特征的器件，它的初级绕组是开关振荡电路的一部分，次级输出的脉冲信号经整流滤波后变成直流电压，为蓄电池充电。

（8）集成运算放大器

在充电器中通常采用集成运算放大器LM324N作为电流、电压的检测和控制电路，监测充电器在充电过程中电压值的上升情况，防止出现过充电现象，以免对蓄电池造成损伤。如图6-18所示，为集成运算放大器的实物外形。

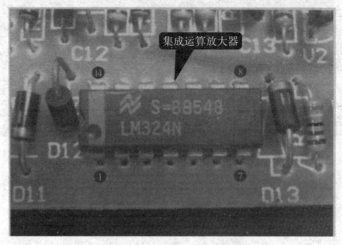

图6-18　集成运算放大器的实物外形

集成运算放大器LM324N是具有14个引脚的集成电路，其内部集成有4个运算放大器，这4个运算放大器可分别独立使用，也可组合使用。如图6-19所示，为集成运算放大器LM324N的内部结构图。

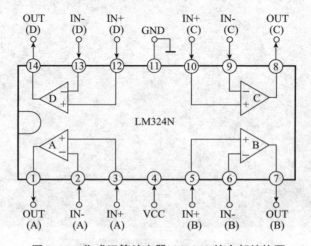

图6-19　集成运算放大器LM324N的内部结构图

【技术指导】

充电器中除了LM324N外，常见的集成运算放大器还有LM358等多种型号，有些品牌的充电器中采用电压比较器LM339、LM393。如图6-20所示为集成运算放大器LM358的内部结构图。

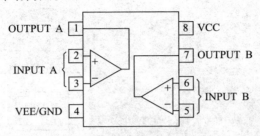

图6-20 集成运算放大器LM358的内部结构图

如图6-21所示为电压比较器LM339的内部结构图。

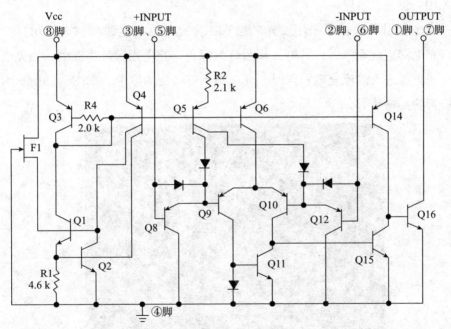

图6-21 电压比较器LM339的内部结构图

（9）光电耦合器

光电耦合器可将开关电源电路输出电压的误差反馈信号送到开关振荡集成电路中，开关振荡集成电路根据此信号，对输出的驱动脉冲信号进行调整。如图6-22所示为光电耦合器的实物外形。光电耦合器属于光电传感器，它内部是由一个光敏晶体管和一个发光二极管构成的，误差信号先经过发光二极管转变为光信号，光信号再经过光敏晶体管转变为电信号输出。

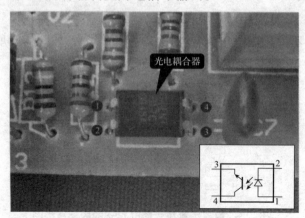

图6-22　光电耦合器的实物外形

（10）发光二极管

在充电器电路中，常采用发光二极管作为充电器的电源和状态指示灯。通常，当充电器进行充电时，其电源指示灯为绿色，充电指示灯为红色，当充电结束后，充电器进入涓流充电阶段时，充电指示灯会变为绿色。如图6-23所示为发光二极管的实物外形。

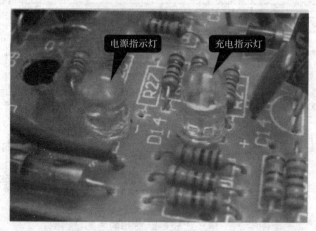

图6-23　发光二极管的实物外形

（11）散热风扇

目前，很多电动自行车充电器的内部会单独设有散热风扇，加强充电器内部的空气流通，降低电路板温度，使充电器性能更加稳定，延长使用寿命。如图6-24所示为散热风扇的实物外形。

图6-24　散热风扇的实物外形

二、电动自行车充电器的工作原理

1. 充电器电路的工作原理

如图6-25所示，为充电器电路的工作原理框图。充电器电路主要是由交流输入电路、整流滤波电路、开关振荡电路、直流输出电路以及电压控制电路（集成运算放大器等元件）等部分构成的。

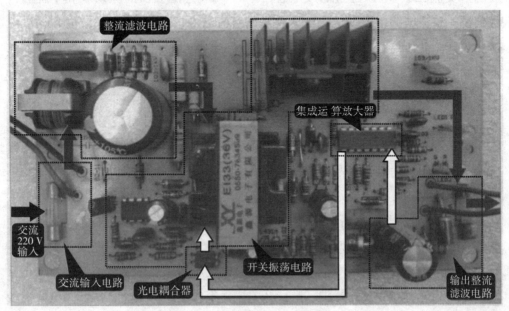

图6-25　充电器电路的工作原理

交流220 V电压首先进入交流输入电路中，经过熔断器、压敏电阻等元器件后，送入整流滤波电路中进行桥式整流、滤除杂波等处理后输出+300 V电压，该电压送入开关振荡电路，经过开关变压器处理后输出开关脉冲信号，该信号经过直流输出电路整流、滤波后变成直流电压为蓄电池进行充电。同时，电压控制电路对蓄电池的电压进行检测，当蓄电池电压升高到额定值时（36 V或48 V），运算放大器集成电路便会发出电平信号，经过光电耦合器后，送入开关振荡电路，使该电路的输出电压降低，电流减小。

2. 充电器电路的信号流程

如图6-26所示，为典型36 V充电器的电路图。该充电器电路主要是由交流输入电路、整流滤波电路、开关振荡电路、开关变压器T2、次级输出电路、电压比较器IC3（LM393）、光电耦合器IC2和发光二极管等部分构成的。

（1）交流输入和整流滤波电路

交流输入电路是由熔断器FU1（2.5 A）和互感滤波器等构成的，其主要功能是对交流220 V电压进行滤波，若充电器电路中的电流过大时，熔断器便会熔断进行保护。

整流滤波电路是由整流二极管 VD1 ～ VD4和滤波电容C2、C3、C4等部分构成的。交流220 V电压经过滤波电容C2、C3和互感滤波器滤除杂波和干扰后，送到桥式整流电路中，变成+300 V左右的直流电压，再经300 V滤波电容C4滤波后，为开关变压器T2和开关振荡集成电路IC1供电。如图6-27所示为交流输入和整流滤波电路的信号流程。

（2）开关振荡电路

开关振荡电路主要是由开关振荡集成电路IC1（UC3842）、开关晶体管VT3、开关变压器以及外围相关元器件构成的。300 V直流电压一路经开关变压器T2的初级绕组，送到开关晶体管的漏极D，另一路经启动电阻R1加到开关振荡集成电路IC1的⑦脚，为IC1提供启动电压。

IC1中的振荡器起振后，IC1的⑥脚为开关晶体管 VT3的栅极G提供驱动脉冲信号，开关晶体管 VT3开始振荡，使开关变压器T2的初级绕组中产生开关电流，开关变压器的次级绕组便产生感应电流。开关变压器正反馈绕组的⑤脚输出正反馈电压（5 V）加到IC1的⑧脚，维持开关振荡集成电路的工作，使开关电源进入正常工作状态。如图6-28所示，为开关振荡电路的工作原理。

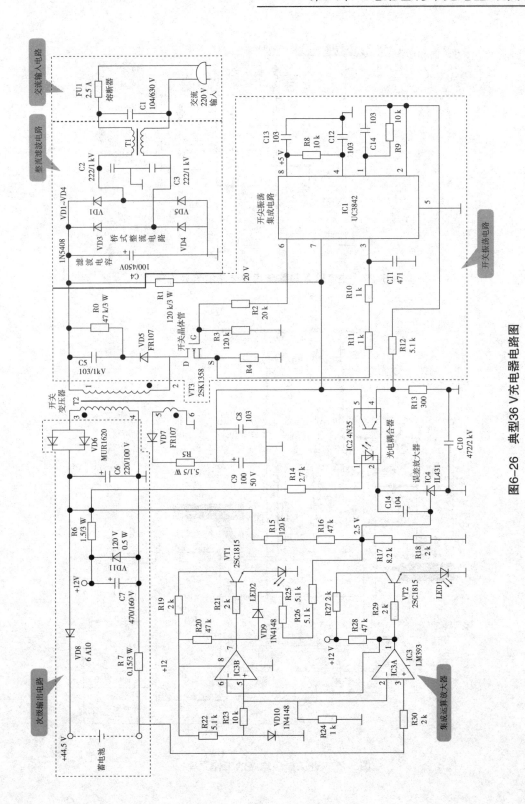

图6-26 典型36 V充电器电路图

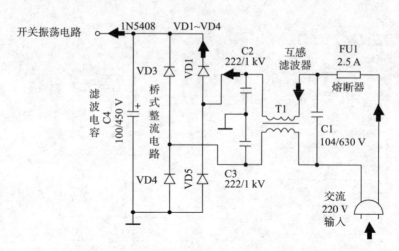

图6-27 交流输入和整流滤波电路的信号流程

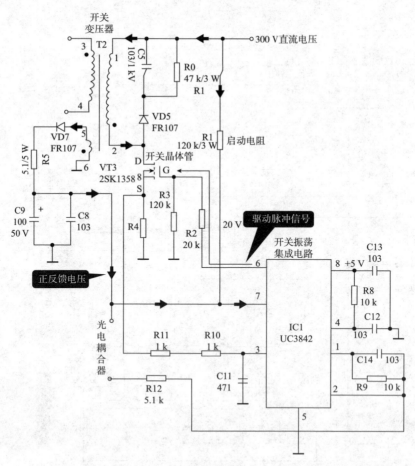

图6-28 开关振荡电路的工作原理

（3）次级输出电路

当开关电源起振后，开关变压器T2的次级绕组输出开关脉冲信号，经二极管VD6、VD8整流以及C6滤波后形成直流（44.5 V）电压为蓄电池充电。如图6-29所示，为次级输出电路的工作原理。

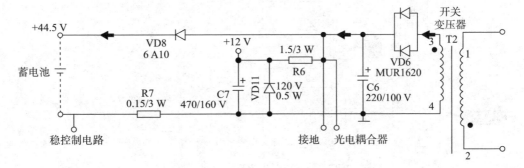

图6-29　次级输出电路的工作原理

（4）稳压控制电路

稳压控制电路主要由光电耦合器IC2、电压比较器IC3（LM393）以及外围元器件组成。在充电器对电池充电的过程中，蓄电池两端的电压会慢慢上升，当蓄电池两端电压达到额定值时，该电压取样信号经电阻器R30送入电压比较器IC3的③脚，③脚电压升高，电压比较器A对③脚和②脚电压进行比较，当③脚电压低于②脚电压时，其①脚会输出低电平信号，该信号送到电压比较器B的⑥脚，当⑥脚电压低于⑤脚电压时，其⑦脚会输出高电平信号，使二极管VD9导通。

该高电平信号经过误差放大器IC4送入光电耦合器IC2中，流经光电耦合器IC2内部发光二极管的电流会减小，亮度减弱，光敏三极管导通程度减弱，送入IC1的①脚电压升高，IC1经过识别后，控制内部振荡电路降低驱动脉冲的占空比，使开关晶体管VT3导通时间增加，充电电流增强。在充电过程中IC3⑦脚为高电平，使VT1导通；充电指示发光二极管LED2点亮。当充电完成时，电池两端的电压达到额定值，取样电压升高使IC3A③脚电压上升高于②脚，于是①脚输出高电平使VT2导通，发光二极管LED1点亮，LED2熄灭。如图6-30所示为稳压控制电路的工作原理。

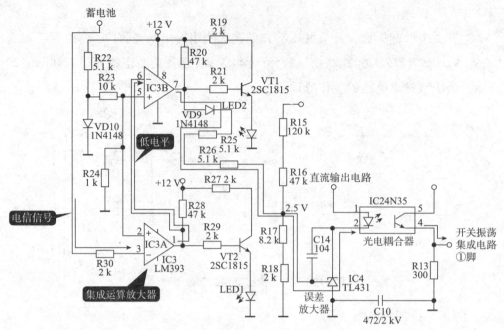

图6-30　稳压控制电路的工作原理

第三节　电动自行车充电器的故障维修过程

一、电动自行车充电器的故障检修方法

电动自行车的充电器发生故障，通常表现为充电器无电压输出、指示灯异常、外壳过热等现象。这时，可根据故障现象，使用检修仪表对充电器电路板上的关键元器件进行检测，查找出故障部位。

1.熔断器的检修方法

由于充电器中有损坏或过载的元器件，熔断器很容易被烧断。若怀疑熔断器损坏，首先可先对其外观进行检查，观看其表面是否有破损、烧焦或内部熔丝熔断等现象，若外观正常，则使用万用表对熔断器的阻值进行测量。

将万用表调至"×1"欧姆挡，红、黑表笔任意搭在熔断器两端，如图6-31所示。正常情况下，熔断器阻值应接近于零。若测得数值为无穷大，表明熔断器已烧断。熔断器烧坏，多数情况下是由于充电器电路中有短路故障引起的，此时需要先排除电路中的故障，再更换熔断器，防止熔断器再次熔断，扩大故障范围。

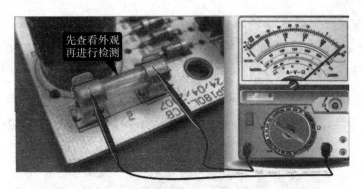

图6-31   熔断器的检修方法

2. 桥式整流电路的检修方法

对于桥式整流电路的检测，通常采用逐个检测整流二极管的方式来判断其好坏。检测二极管时，可根据其正向导通，反向截止的特性进行检测和判断。将万用表调至"×1 k"欧姆挡，黑表笔接二极管正极，红表笔接二极管负极，检测二极管正向阻值，再将红、黑表笔对调，检测二极管反向阻值，如图6-32所示。正常情况下，正向有一定阻值，反向阻值较大。

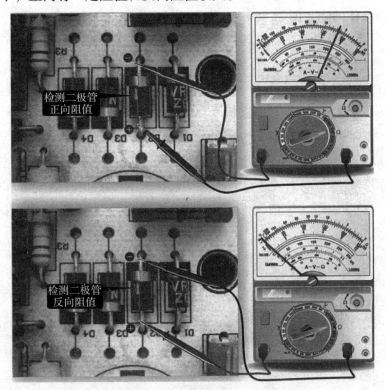

图6-32   检测二极管的正、反向阻值

3. 300 V滤波电容的检修方法

怀疑+300 V滤波电容损坏，可在不通电的情况下，使用万用表检测其阻值判别性能是否良好。将万用表量程调至"×1 k"欧姆挡，红表笔搭正极，黑表笔搭负极，检测滤波电容阻值，如图6-33所示。一般正常情况下，滤波电容的阻值在几千欧姆左右，若测得阻值为几十欧或几百欧姆，则表明该滤波电容已损坏。

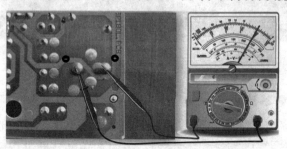

图6-33　300 V滤波电容阻值的检修方法

【技术指导】

检测+300 V滤波电容电压是否输入正常，可在开通电源的情况下，测量滤波电容两端电压是否为直流300 V。在正常情况下，若测得滤波电容的电压约为+300 V，表明前级电路正常；若检测其电压值不正常，表明交流220 V输入电路或整流滤波电路部分出现问题，应重点对这两个部分进行检查。

值得注意的是，在通电情况下检测+300 V滤波电容，有可能接触到交流220 V电压，会对人身安全和电路板本身造成损伤。

4. 开关振荡集成电路的检修方法

若怀疑开关振荡集成电路损坏，可在断电状态下，使用万用表对其各引脚的对地阻值进行检查。将万用表量程调至"×1 k"欧姆挡，接地端可选择+300 V滤波电容的负极。红表笔依次搭在开关振荡集成电路各引脚上，如图6-34所示（以测⑥脚为例）。

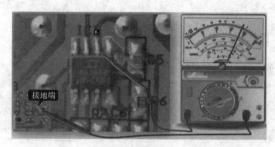

图6-34　开关振荡集成电路的检修方法

正常情况下，测得的开关振荡集成电路各引脚对地阻值，见表6-1所列。

表6-1　开关振荡集成电路VC3842各引脚对地阻值

引脚	黑表笔接地/kΩ	红表笔接地/kΩ	引脚	黑表笔接地/kΩ	红表笔接地/kΩ
①	6.6	8	⑤	0	0
②	0	0	⑥	6.4	7.5
③	0.3	0.3	⑦	5	∞（外接电容器）
④	7.4	12	⑧	3.7	3.8

【技术指导】

开关振荡集成电路的⑦脚为电压输入端，⑥脚为开关脉冲信号输出端。若开关集成电路的输入端⑦脚有启动电压，而⑥脚没有电压输出时，说明开关集成电路可能损坏，这时，可使用上文的方法进行测量。

5. 开关晶体管的检修方法

对开关晶体管进行检测，在不通电的情况下，使用万用表检测开关晶体管3个引脚间的阻值可判断出是否损坏。将万用表调至"×1k"欧姆挡，检测开关晶体管（CS7N60）栅极（G）、漏极（D）和源极（S）之间的正、反向阻值，如图6-35所示。

图6-35　开关晶体管引脚间阻值的测量方法

该开关场效应晶体管（CS7N60）引脚阻值，见表6-2所列，若测量结果与表中数值差别较大，说明该开关晶体管已损坏。

表6-2 开关晶体管各引脚阻值

红表笔	黑表笔	阻值	红表笔	黑表笔	阻值
栅极（G）	漏极（D）	∞（外接电容）	源极（S）	栅极（G）	7.3
漏极（D）	栅极（G）	15.8	漏极（D）	源极（S）	4.3
栅极（G）	源极（S）	5.2	源极（S）	漏极（D）	∞（外接电容）

【技术指导】

如果检测开关晶体管漏极和源极之间的正、反向阻值偏差较大，不能直接判断该管损坏，可能是由外围元器件引起的偏差，此时应将该管引脚焊点断开或焊下，在开路的状态下，利用上述方法再次检测，若测量结果仍不正常则可判断该管可能击穿损坏。

6. 开关变压器的检修方法

怀疑开关变压器损坏，一般可使用示波器感应其信号波形的方法进行判断。首先将充电器接通电源，将示波器接地夹接地，示波器探头靠近开关变压器的磁芯部分，由于变压器输出的脉冲电压很高，所以通过绝缘层就可以感应到开关脉冲信号，如图6-36所示。若检测出感应脉冲信号，说明开关变压器本身和开关振荡电路没有问题。

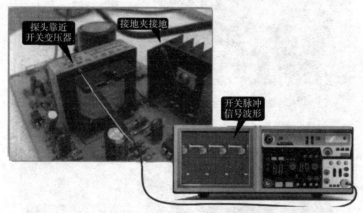

图6-36 开关变压器的检修方法

【技术指导】

值得注意的是，不同型号的开关变压器感应测得的振荡波形不完全相同，一般能够感应到规则的脉冲信号波形，则表明开关变压器及振荡电路均正常。

7. 光电耦合器的检修方法

光电耦合器是由一个光敏晶体管和一个发光二极管构成的，判断光电耦合器的好坏，可分别检测其引脚的正、反向阻值。

将万用表调至"×1 k"欧姆挡，红、黑表笔搭在光电耦合器的①②脚（发光二极管）上，检测这两个引脚之间的正、反向阻值，如图6-37所示。在正常情况下，用万用表测得①②两引脚的反向阻值约8 kΩ。对换表笔后再测量，此时两引脚的正向阻值为6.5 kΩ。

图6-37　光电耦合器①②脚的检测方法

接下来，使用万用表检测光电耦合器另外两只引脚（发光二极管）的正、反向阻值，如图6-38所示。

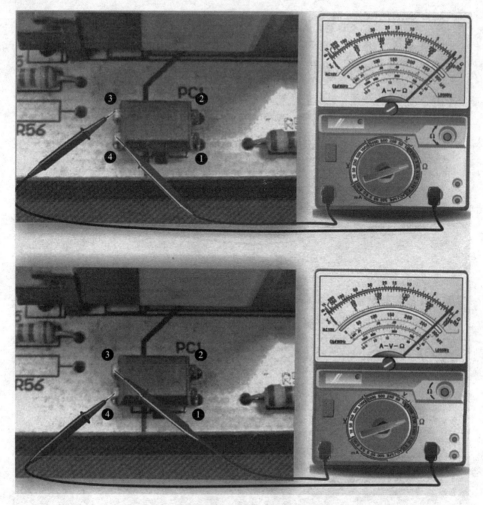

图6-38　光电耦合器③④脚的检测方法

　　实际测量③④两引脚的正、反向阻值均为1.4 KΩ，经查看电路板，发现这两个引脚外并联有一个电阻器，因此不论正、反向阻值，均为该电阻器的电阻值。焊下该元件进行检测，其阻值应很大。

【技术指导】

　　某些充电器电路板上会有明显的功能分界线，而光电耦合器位于分界线上，通常其靠近交流输入一侧的为光敏晶体管，靠近直流输出一侧的为发光二极管。或者将光电耦合器拆下进行判断。光电耦合器的发光二极管应满足正向导通，反向截止的特性，一般在没有参考图纸的情况下，也可以此判断出发光二极管的两个引脚端。

8. 集成运算放大器的检修方法

集成运算放大器主要用来检测电压以及充电器的工作状态，判断该集成电路是否损坏，可在断电状态下，对其各引脚的正、反向对地阻值进行检测，将万用表调至"×1k"欧姆挡，黑表笔接地（输出滤波电容器的负极），红表笔分别搭在集成电路的各引脚上，如图6-39所示。

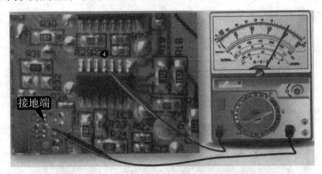

图6-39　集成运算放大器的检修方法

集成运算放大器各引脚正、反向对地阻值，见表6-3所列。

表6-3　集成运算放大器各引脚正、反向对地阻值

引脚	黑表笔接地/kΩ	红表笔接地/kΩ	引脚	黑表笔接地/kΩ	红表笔接地/kΩ
①	9.4	37.5	⑧	9	56
②	0.7	0.7	⑨	0.5	0.5
③	0.7	0.7	⑩	0.7	0.7
④	5	13.7	⑪	0	0
⑤	8.8	17	⑫	1.7	1.5
⑥	9	56	⑬	0.7	0.7
⑦	9.4	56	⑭	9.3	55

二、电动自行车充电器的故障检修实例

1. 充电器不工作的检修实例

（1）故障现象描述

使用充电器对蓄电池进行充电，连接电源后，发现电源、充电状态指示灯不亮，经初步检查发现充电器无电压输出，交流电源正常。

（2）故障分析指导

充电器由于电流的波动较大，很容易出现充电器不工作，指示灯不亮的故障。充电器出现上述故障时，应重点对充电器的交流输入电路、整流滤波电路中

的重点元器件进行检查。

（3）故障检修指导

根据上述故障分析，首先应对充电器的插头以及输入线缆进行检查，然后再依次对可能产生故障的元器件进行检测，例如熔断器、桥式整流电路、滤波电容等。

①首先检查充电器的输入端插头是否与电源插座连接牢固，如图6-40所示。经检查，插头与电源插座连接良好。

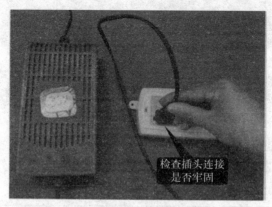

图6-40　检查充电器的输入端插头

②接下来使用带有通断检测功能的万用表对输入线缆进行检测，将万用表调至通断测试挡，红表笔连接电源插头，黑表笔搭在电路板的交流220 V输入端引脚上，如图6-41所示。经检测，万用表发出蜂鸣声，说明该充电器的输入线缆正常，无故障。

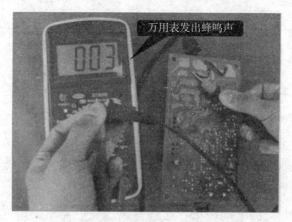

图6-41　检查充电器的输入端线缆

③检查电路板上的熔断器是否有烧焦、断裂的痕迹，若没有明显的痕迹，应使用万用表对熔断器的阻值进行检测，如图6-42所示。经检测，发现直流输出端一侧的熔断器阻值为无穷大，说明熔断器已损坏。

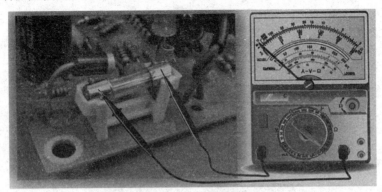

图6-42　检查熔断器

④直流输出端一侧的熔断器损坏，不要急于更换熔断器，应继续对直流输出电路中的二极管、滤波电容等进行检测，确认电路中没有短路性故障后，再更换熔断器，如图6-43所示。

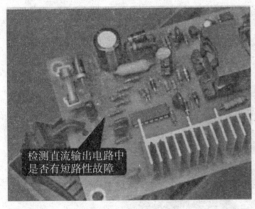

检测直流输出电路中是否有短路性故障

更换熔断器

图6-43　更换熔断器

2.充电器过热的检修实例

（1）故障现象描述

使用充电器对蓄电池进行充电时，充电器正常工作，但充电器外壳温度过高，并且听不到散热风扇旋转的声音。

（2）故障分析指导

充电器工作在较高的工作电压下，很容易出现过热的现象。充电器出现上述故障时，应重点对充电器的散热风扇等器件进行检查。

（3）故障检修指导

根据上述故障分析，应将充电器拆开，首先检查电路板上是否有烧焦或虚焊的地方，然后对充电器上的散热风扇进行检查。

①首先将充电器拆开，检查充电器内部电路板上是否有烧焦、虚焊的地方，如图6-44所示。经检查电路板一切正常，接下来应对散热风扇进行检查。

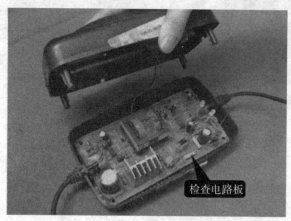

图6-44　检查电路板

②将充电器接入220 V电源，如图6-45所示，发现充电器不工作，接下来应使用万用表对其供电电压进行检测。

图6-45　检测散热风扇的供电电压

③将万用表调至直流电压挡，黑表笔搭在接地端上，红表笔搭在散热风扇电

机引脚上，如图6-46所示，经检测发现12 V供电电压正常，此时怀疑散热风扇的电动机轴阻塞或电动机损坏。

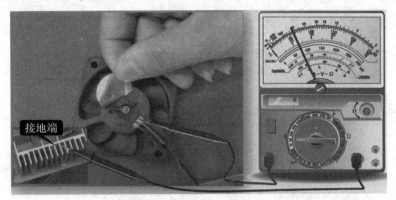

图6-46　检测散热风扇的供电电压

④将几滴润滑油滴入散热风扇的电动机轴中，如图6-47所示，用手拨动风扇扇叶，然后接通电源后，发现散热风扇可正常旋转，故障排除。

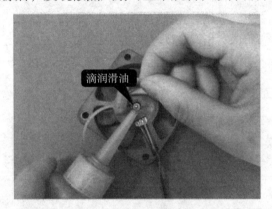

图6-47　为散热风扇的电动机轴滴入润滑油

3. 充电器指示灯异常的检修实例

（1）故障现象描述

使用充电器对蓄电池进行充电，经过长时间充电，充电器的充电指示灯一直为红色，但更换充电器后，发现蓄电池已充足电。

（2）故障分析指导

充电器指示灯不变绿，说明该充电器稳压控制电路出现故障，应使用万用表对该部分相关电路进行检测，查找故障部位。如图6-48所示为该充电器的电路图。

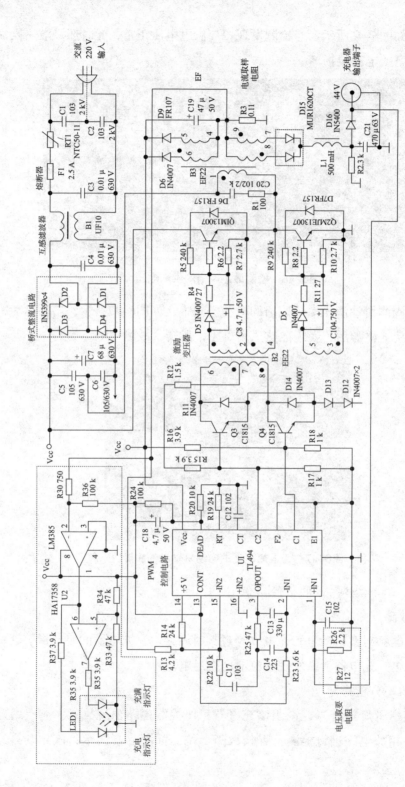

图6—48 充电器的电路图

（3）故障检修指导

根据上述故障分析，应将充电器拆开，重点对稳压控制电路的取样电阻、充满指示灯（发光二极管）和电压比较器LM385等进行检测。

①使用万用表检测取样电阻R3是否良好，如图6-49所示，经检测发现取样电阻R3的阻值正常，没有损坏。

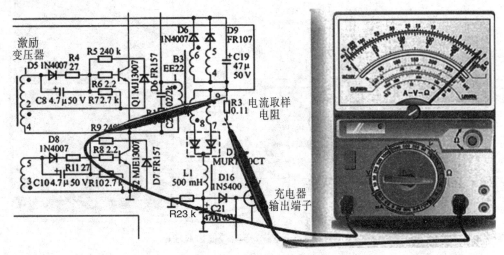

图6-49　检测取样电阻R3

②接下来，使用万用表对发光二极管LED2（充满指示灯）的正、反向阻值进行检测，如图6-50所示，经检测发现该发光二极管正常。此时，怀疑电压比较器LM385及其外围电路可能发生故障。

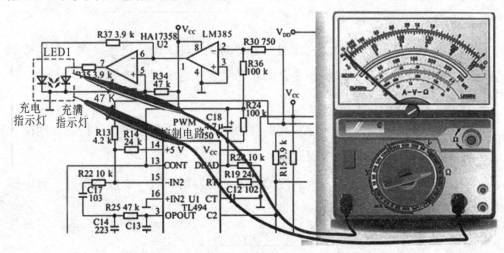

图6-50　检测发光二极管LED2

③对LM385及其外围电路元器件进行检测，如图6-51所示。充足电的情况下，LM385的①脚应有低电平输出，经过检测，发现①脚输出电压偏高，致使⑥脚电压始终高于⑤脚电压，发光二极管无法发光。将LM385更换后，再进行充电，发现故障排除。

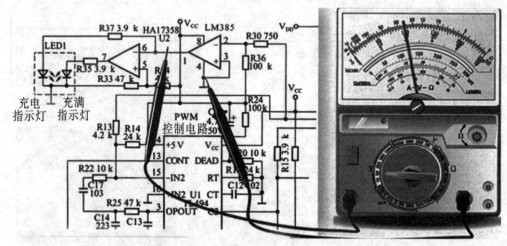

图6-51　检测电压比较器LM385

4. 充电器无输出的检修实例

（1）故障现象描述

充电器接通交流电源的一瞬间，其电源、充电指示灯亮一下就熄灭，并且充电器无电压输出。

（2）故障分析指导

充电器出现上述故障时，应先对充电器的交流输入电压进行检测，根据检测的电压值确定交流电源有故障还是充电器开关变压器出现故障。

（3）故障检修指导

根据上述故障分析，首先应对充电器的输入电压进行检测，经检测发现输入电压正常，说明充电器本身出现故障。

①首先打开充电器外壳，查看内部开关变压器的初级、次级绕组是否有虚焊现象，如图6-52所示。

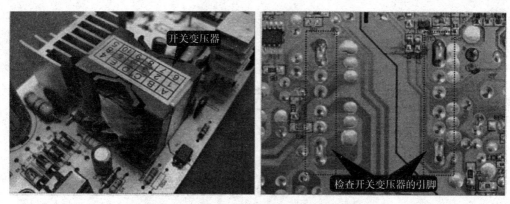

图6-52　检查开关变压器引脚是否虚焊

②接着，使用示波器感应开关检查变压器是否有信号波形输出，如图6-53所示。经检测发现其开关变压器无输出波形，表明该故障可能是变压器或开关晶体管损坏所导致的，使用同型号的开关变压器和开关晶体管进行代换后，故障排除。

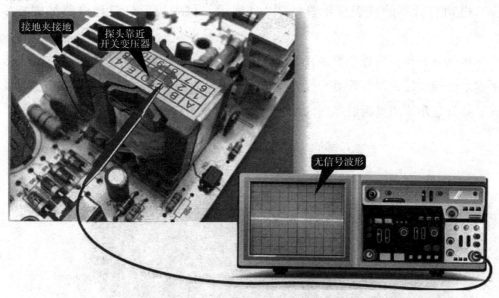

图6-53　检测开关变压器的信号波形

第七章　电气仪表结构原理与维修

第一节　电气仪表的结构原理

一、电气仪表的结构原理

电动自行车显示仪表的作用是供骑行者了解电动自行车的各种工作状态和电动自行车的整车工作情况。电动自行车显示仪表电源显示部分一般直接由蓄电池供电，按供电电压分类有36 V仪表、48 V仪表和60 V仪表等。

电动自行车的仪表显示盘如图7-1所示。仪表与后灯组合电路如图7-2所示。

电动自行车仪表种类繁多，没有统一的标准，大体可分为指针显示仪表、液晶显示仪表、发光二极管显示仪表和智能显示仪表四大类，且以发光二极管显示式、指针显示式两类为最多。

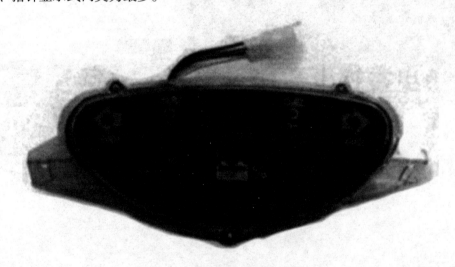

图7-1　电动自行车的仪表显示盘

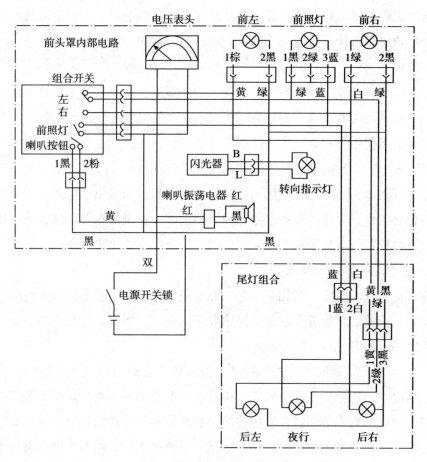

图7-2　仪表与后灯组合电路

1. 指针显示仪表

这种仪表一般在豪华款电动自行车上使用，它主要用来显示行驶里程数、整车速度、电池电压、前照灯指示、左右转向灯指示。里程表数字是由6个十进制的齿轮计数器组成，电压表采用50V直流电压表的表头。

指针显示仪表的电路简单，并且不依赖于控制器电路。其故障部位主要是引线或仪表头。拆装时应注意电源正、负极不能弄错。

2. 液晶显示仪表

液晶显示仪表是通过专用的霍尔传感器的开关信号，传输给液晶显示仪表总成上的单片机对单位时间内车轮转动圈数的计数，算出行驶时速，并对行驶时速和行驶时间相乘，计算出整车行驶里程。

有的无刷电动机控制器内部选用单片机作为译码芯片，能对电动机运行时速和累计行驶里程直接计算出来，输送到液晶显示仪表，这种液晶仪表总成内部就设有单片机。

液晶仪表显示控制电动自行车的各个精确数据，但是其抗太阳紫外线照射的能力差，环境温度要求高，只能在-10 ℃~40 ℃的温度下使用。若长时间在高温或低温环境下使用，将导致液晶屏的不可逆损伤，造成液晶屏的显示数值模糊，甚至无法显示。不同的液晶仪表，其驱动程序软件与单片机型号不完全相同。

这种仪表因为成本高，应用不广泛，如果仪表自身带驱动电路，则可以离开控制器独立工作，但如果驱动电路在控制器内部，控制器损坏后仪表就不能正常工作。更换控制器时如果找不到同型号的，仪表也不能正常工作。

3. 发光二极管显示仪表

在二极管仪表盘中，其相关信息的显示是通过电动自行车前外壳内部的一块电路板来完成的。二极管仪表盘电路主要是由发光二极管、可调电阻、电压比较器、电阻和电容等元器件组成的。

发光二极管显示仪表与整车灯具电路分离，它的电路是电子电路，不依赖于控制器电路，能独立工作。发光二极管仪表的信号采集与处理采用数字逻辑芯片。有的电动自行车能通过仪表板将转把和闸把的信号送给控制器。发光二极管仪表能模拟指示电池电压的高、中、低挡及是否欠电压，目前在电动自行车仪表中广泛应用。

这种仪表一般用于简易款的电动自行车，有电量显示、欠压提示、转向指示等，一般没有速度显示。其内部自带有电路，能独立工作，与控制器无关。

其外部接线比较简单，只需并联电池两端，或将转向指示线并联转向灯。

4. 智能显示仪表

智能显示仪表需和相应的智能控制器匹配使用，仪表板上发光二极管的亮和灭的状态受智能控制器的控制。其显示的内容较多，不但能显示电池电压的高、中、低和欠压，还能显示骑行模式，即1:1助力、电动、定速。目前在电动自行车行业使用比较多。

这种仪表与控制器的型号匹配比较严格，如果更换的控制器和原型号不符，仪表很可能不正常工作。这种仪表在目前市场上以天津松正为代表。

它和控制器配合使用还能检测整车电气控制部件的故障，进行故障自检测时，各发光二极管对应的显示含义如下：

（1）各指示灯闪3次，检测指示灯是否正常工作。检测时可转动电动机，3个指示灯应按顺序指示3个霍尔组件，若其中有指示灯没有亮和灭的变化，则说明其中有一个霍尔组件未接触好或损坏。

（2）电量指示灯顺序指示3个霍尔元件的通电情况与电动机磁钢的位置关系。用手转动电动机时，3个指示灯顺序点亮，如果指示灯点亮的顺序是100、110、011、001、000（其中1代表亮，0代表灭），说明该无刷电动机的相角是60%；如果指示灯点亮的顺序是100、110、010、011、001、101，该无刷电动机的相角是120°。

（3）缓慢转动转把，欠压指示灯的闪烁频率与转把的转动角度呈对应关系。转把在原始位置，指示灯不闪；转把转动角度越大，指示灯闪得越快，则表示转把信号正常。否则，说明转把损坏或引线接触不良。

（4）按下模式转换按钮时，助力指示灯亮，松开则不亮，说明模式转换按钮有效。

（5）分别捏左右闸把，电动指示灯亮，说明刹闸把有效。

（6）缓慢转动脚蹬轮盘一圈，定速指示灯闪烁5次，说明助力传感器工作正常。否则，表明传感器接触不良，磁钢丢失或极性相反，或距离传感器太远。

二、速度表的结构原理

1. 分类

现在大部分电动自行车上的速度显示分为3种。

（1）电压信号式

这种速度表实际上是一个电压感应器，它感应电动机的工作电压而模拟出速度数值，电动机的工作电压越大，显示的速度越快，这种显示并不十分准确。

（2）霍尔感应式

这种方式应用很少，是靠安装在车轮上的磁铁磁场经过安装在前叉上的霍尔元件来计算速度的，即霍尔元件每通过磁场一次就会产生一次电压信号，通过计算在单位时间内信号的个数来计算速度，这样计算出来的速度是准确的。

（3）机械式

采用机械里程表，前轮有一个里程涡轮，受前轮带动，继而拨动传动软轴线来带动速度表显示速度，这种方法显示的速度一般是准确的。其结构如图7-3所示。

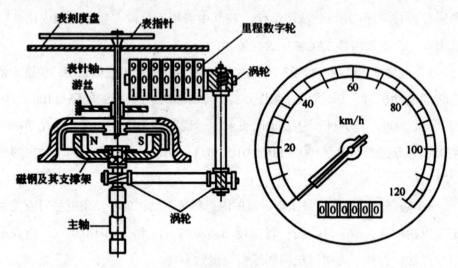

图7-3　磁电式速度里程表结构

一般仪表盘中有累计里程显示的，其速度表为机械式速度表。

2. 电压信号式速度表接线

对于上述电压信号式速度表，在更换控制器后一般都要重新连接，其连接方法如下：

（1）有刷控制器

速度表的连接线接电动机的两极。

（2）无刷控制器

速度表的连接线接控制器速度表线（如果有的话）。如果速度表不正常运行，怀疑接线错误，或者控制器没有速度线，则将速度表拆开，找到其正、负极，做两种接法。第一种接法是将速度表的正极接电动机3条主相位线之一，负极接电源负极；如不行，进行第二种接法，将速度表的正极接电源正极，负极接电动机3条主相位线之一。通过以上方法一般能解决问题，如果还是不能显示，说明速度仪表损坏。

三、电源锁的结构原理

电源锁的作用是在电动自行车上控制整车的电源通断，也就是整车电路的总开关。根据外形大小可分为大、中、小头电源锁，以及带锁车把的电源锁和品牌车专用电源锁等。

电源锁出厂时设置有2个挡位：K_1和K_2挡位，它有3条引线，分别是红线、黄线和蓝线（或白线），其中红线是电源锁进线，黄线和蓝线（或白线）是电源锁输出线。电动摩托车款有多条引线，但只用了其中两条。电源锁的3条引出线如图7-4所示，电源锁的电气原理如图7-5所示。

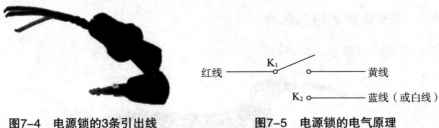

图7-4　电源锁的3条引出线　　　　图7-5　电源锁的电气原理

1. 36 V有刷电动自行车接线

在36 V有刷电动自行车上，电源锁接在蓄电池与控制器连接的正极线中间，所以整车电流经过电源锁，此种接法因为整车电流流过电源锁，所以容易烧坏电源锁。36 V有刷电动自行车电源锁接法如图7-6所示。

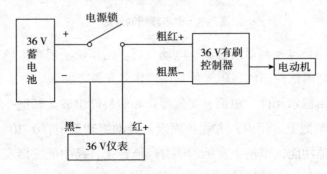

图7-6　36 V有刷电动自行车电源锁接法

2. 48 V无刷电动自行车接线

48 V无刷电动自行车上的控制器专门制作了一条电源锁线，一般采用细红线或细橙线，电源锁的细红色输入进线接蓄电池的正极线，电源锁的黄色输出线接控制器的电源锁线，电源锁只是给控制器一个开关信号，因为整车电流不流过电源锁，只有灯具、喇叭等通过电门锁控制，所以电源锁不易损坏。48 V无刷电动自行车电源锁接法如图7-7所示。

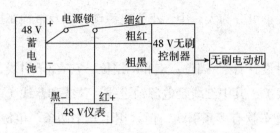

图7-7 48 V无刷电动自行车电源锁接法

四、调节转把的结构原理

霍尔转把的外形如图7-8所示。

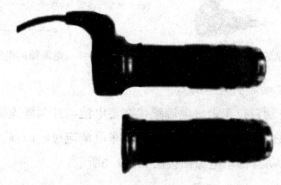

图7-8 霍尔转把的外形

转把的作用是与控制器结合调整电动自行车的车速。现在市场上使用的都是霍尔转把，转把内部使用的霍尔元件是线性霍尔元件。

转把内部由霍尔元件、磁钢、复位弹簧和塑料件组成。转把一般安装在电动自行车的右侧车把上，用内六方螺栓固定，转动旋转范围在0~30°。有的转把生产时又加入其他功能，市场上常见的还有巡航转把、高中低三挡变速转把和带倒车功能的转把等。

工作原理是，当转动转把时，改变了霍尔元件周围的磁场强度，也就改变了霍尔转把的输出电压。霍尔输出电压的大小，取决于霍尔元件周围的磁场强度。转把与控制器相连，将这个信号电压输入给控制器，控制器再根据这个信号的大小进行PWN脉宽调制，从而控制功率管的导通和关闭的时间，使电动机的转速发生变化。

霍尔转把的引出线实际上就是线性霍尔元件的引出线，转把一般有3条引出线，分别为红色电源线、黑色或黄色负极线和绿色或蓝色信号线。它们的工作电压分别是红色电源线+5 V左右，黑色负极线0 V，绿色信号线1~4.2 V（信号线电压因霍尔元件和转把质量不同而有误差，实际测量值在0.8~3.5 V较常见）。霍尔转把的引出线如图7-9所示。霍尔转把的引出线功能如图7-10所示。

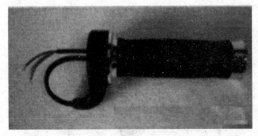

细红线	三	转把电源+5 V左右
细黑线	芯	转把负极线0 V
细绿线	插件	转把信号线1~4.2 V

图7-9　霍尔转把的引出线　　　　图7-10　霍尔转把的引出线功能

转把引线与控制器引线的接线方法是先找出转把与控制器的+5 V红色电源线进行对接，然后将转把的负极线与控制器的负极引出线对接，再把剩下的一条信号线接通即可。转动转把进行调试，如果电动机不转，则说明负极线与信号线接反，将负极线与信号线对调即可。如果是带巡航或变速功能的转把，可用万用表的蜂鸣器挡位，分别测量转把的引出线，如果那两条引线相通，那么这两条就是巡航或变速引线，其他3条是转把引线。转把引线与控制器引线的接线方法如图7-11所示。

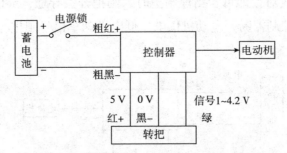

图7-11　转把引线与控制器引线的接线方法

五、制动闸把的结构原理

制动闸把的作用是手捏刹车把时，控制器检测到闸把的刹车信号，然后断开电动机供电，使电动机停转。实际上闸把就是一个开关，当手捏住闸把时，开关闭合，将刹车信号传递给控制器，控制器断开电动机供电，起断电刹车作用。闸把根据材质分类有塑料闸把、半铝闸把和全铝闸把。目前市场上常见的是机械式开关型闸把，用5 mm内六螺栓固定在左右车把上。

机械式开关型闸把有2条引出线：一条为红线，接电源正极；另一条为黑线，接电源负极。电子型闸把有3条引出线：红线为电源线，黑线为接地线，蓝线为输出信号线。闸把的结构如图7-12所示。

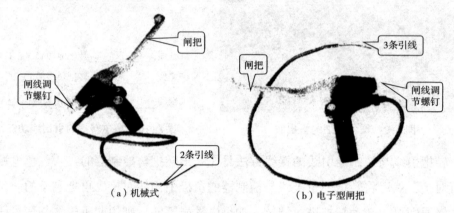

（a）机械式　　　　　　　　　（b）电子型闸把

图7-12　闸把的结构

闸把与控制器相配套有低电平刹车信号、高电平刹车信号两种接法。

（1）如果是低电平刹车控制器，控制器上有红、黑两条刹车引出线，分别与闸把的红、黑线对接即可。当捏闸把时，闸把开关导通，5~0 V低电平刹车信号传给控制器，控制器断开电动机供电。低电平刹车信号闸把与控制器的接法如图7-13所示。

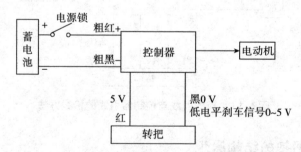

图7-13　低电平刹车信号闸把与控制器的接法

（2）如果是高电平刹车信号，则控制器上只有一条刹车线（通常为蓝线），将这条高电平刹车线与闸把的黑线对接，同时闸把的黑线要与刹车灯的引线相接，闸把的红色输入进线与电源锁的输出线相接（如果电动自行车上安装有转换器,则闸把红色输入进线与转换器的12 V引线相接)。当捏闸把时,闸把开关导通,48 V或12 V高电平刹车信号给控制器,控制器断开电动机供电,同时刹车灯点亮。高电平刹车闸把与控制器接法如图7-14所示。

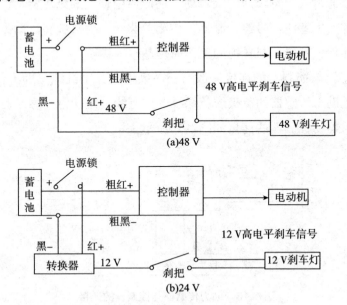

图7-14 高电平刹车闸把与控制器的接法

六、转换器的结构原理

转换器的作用是将蓄电池组的电压(36 V、48 V或60 V)转换成12 V电压供给灯具和喇叭使用。它是一种DC~DC直流变压部件。

转换器一般有3条引线,红线是电源输入线,接电源锁后的蓄电池引线;黑线是公共地线,接蓄电池负极线;黄线(或白线)是+12 V输出线,接灯具和喇叭正极线。转换器在电动自行车上的接线方法如图7-15所示。

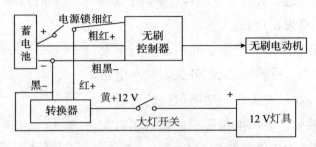

图7-15 转换器在电动自行车上的接线方法

七、助力传感器的结构原理

助力传感器的作用是在电动自行车人力骑行时，通过脚踏助力使电动机旋转。其原理是通过人蹬脚蹬使中轴转动，从而使中轴上的磁盘转动，助力传感器内的霍尔元件产生感应信号给控制器，控制器驱动电动机旋转。助力传感器内部安装有霍尔元件，其原理与转把的工作原理基本一样。

助力传感器与控制器的连接一般有三芯插件，其中红线是助力传感器5 V供电线，黑线是助力传感器的负极线，绿线（或蓝线）是助力传感器的信号线。

助力传感器与控制器的连接如图7-16所示。

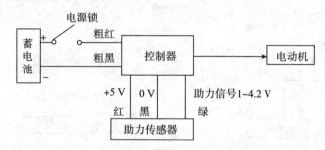

图7-16　助力传感器与控制器的连接

八、喇叭的结构原理

电动自行车使用的喇叭有塑料喇叭和铁喇叭两种，工作电压有12 V、36 V、48 V和60 V等。如果电动自行车上安装有转换器，则喇叭采用12 V供电；如果没有转换器，则使用原车上蓄电池组供电。

塑料喇叭有两条引线，有正、负极之分，红线是正极，黑线是负极，接线时不能接反。铁喇叭有两个接线柱，无正、负极之分。另外，还有多功能的塑料喇叭，它与控制器相连，在打开电动自行车某个部件时，例如打开电源锁、倒车、转向时塑料喇叭会发出声音。

喇叭的电路如图7-17所示，在电动自行车上的接线方法如图7-18所示。喇叭开关安装在电路的正极引线上，通过开关控制喇叭电路的通断，当按下喇叭开关后，喇叭电路形成通路，喇叭发声，松开喇叭开关时，电路断开。

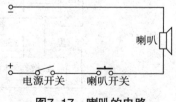

图7-17　喇叭的电路

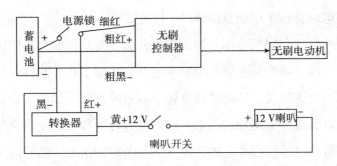

图7-18　喇叭在电动自行车上的接线方法

九、灯具的结构原理

电动自行车的灯具有前照灯、后尾灯、左右转向指示灯、刹车灯和闪光器。一般由蓄电池供电，也有用转换器输出12 V电源的。前照灯和后尾灯一般采用组合件较多。灯具的工作参数主要有额定工作电压和功率。

电动自行车常用的灯泡型号主要有12 V系列、36 V系列和48 V系列。电动自行车常用的灯泡规格如下：

（1）12 V系列

用于前照灯，例如12 V/35 W、12 V/25 W；用于后尾灯，例如10 W/5 W；用于仪表照明灯、转向灯，例如5 W和3 W；用于电源指示后灯，例如12 V/3 W。

（2）36 V系列

用于前照灯，例如36 V/10 W；用于后尾灯，例如36 V/10 W、5 W；用于仪表照明灯、转向灯、电源指示灯，例如36 V/3 W。

（3）48 V系列

用于前照灯，例如48 V/10 W、25 W、35 W；用于后尾灯，例如48 V/10 W、5 W；用于仪表照明灯、转向灯、电源指示灯，例如48 V/10 W、5 W。

【技术指导】

电动自行车由于车型较多，所以灯具型号较多，不同车型的灯具不一样。电动自行车用灯泡常见的有插泡、高低脚灯泡、带盘灯泡、单极性灯泡和双极性灯泡等。前照灯主要有普通双丝灯泡、真空灯泡、氙气灯泡、LED灯泡等。

前照灯和后尾灯一般为双尾双丝灯泡，它们虽然同为一个灯泡，但前照灯具有远、近光的功能，后尾灯具有小灯和制动灯的功能。

现在许多电动自行车用的是LED灯，其效果更好。

灯具的接线方法与喇叭基本一样，灯具开关主要是控制灯具的正极引线，不同之处是灯具的前、后灯是并联在电路中的，豪华型车还并联有仪表灯。前照灯部分还串联有远近光开关，转向灯部分还串联有闪光器。如果电动自行车上安装有转换器，则灯具部分采用12 V供电；如果没有转换器，则使用原车上的蓄电池组供电。前照灯在电动自行车上的接线方法如图7-19所示，前照灯及后尾灯电路如图7-20所示。

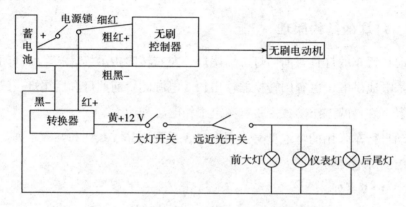

图7-19　前照灯在电动自行车上的接线方法

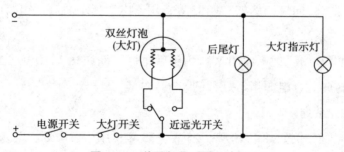

图7-20　前照灯及后尾灯电路

【技术指导】

电动自行车的喇叭开关和前照灯开关实际上是一个单刀单掷开关，转向开关是一个单刀双掷开关。也就是说开关部分都是控制电源的正极线，负极线都共用，也有的车上把喇叭、前照灯、转向灯这三个开关制作组合在一起，所以叫组合开关。灯具的开关原理如图7-21所示。

红线　　　　　　　红线
前照灯开关

图7-21　灯具的开关原理

十、闪光器的结构原理

闪光器的作用是为转向灯提供间隙电压，这样转向灯才会不停地闪烁，并发出声音。若转向灯不亮时，可将闪光器的输入与输出线短接，如果短接后恢复正常，表明闪光器损坏，应更换新件。接线时将闪光器串接在转向灯开关的前级引线上（也就是红色正极引线）。电动自行车使用的闪光器工作电压有12 V、36 V、48 V、60 V等。闪光器在转向灯电路中通常串联在转向灯开关的前级，它有两个引脚，外壳上的引脚标注B表示接进线，L表示接输出线，接线时如果接错，闪光器不起作用。闪光器在转向灯电路中的接线如图7-22所示，左右转向灯电路如图7-23所示。

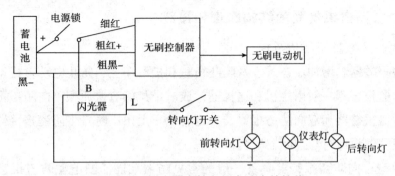

图7-22　闪光器在转向灯电路中的接线

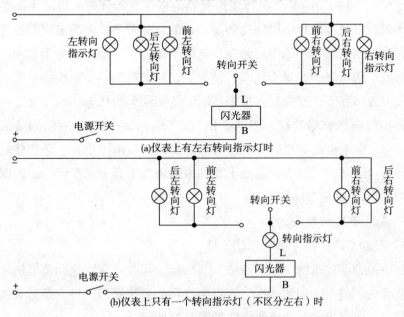

图7-23　左右转向灯电路

十一、空气开关的结构原理

空气开关又称断路器,它的作用是当通过开关的电流(一般的导线都有最大允许通过的电流值)超过一定电流的时候自身会发热,导致开关里面的脱扣装置脱扣(利用双金属片受热弯曲的道理),从而切断电源,保护电路不因过大的电流而烧毁。

空气开关一般只在电动摩托车和电动三轮车安装500 W以上电动机的车辆上使用,电动摩托车一般将其安装在坐垫下面的储物箱内。空气开关一般串联连接在电源锁后正极红线上,一侧接进线,另一侧接输出线。在"ON"位置是开,"OFF"位置是关。

十二、防盗报警器的结构原理和接线

1.防盗报警器的结构原理

防盗报警器起增加偷盗难度及阻吓窃贼和提醒车主,防止电动自行车被盗的作用。防盗报警器一般由主机和遥控器组成。常见的有普通型单向防盗报警器、断电型防盗报警器和双向防盗报警器。也有原车上出厂时自带防盗报警器的,此种防盗报警器设计时与控制器配套使用。

普通型单向防盗报警器具备一般的常见防盗功能。断电型防盗报警器具有断开转把5 V供电的功能。双向防盗报警器是指在车人分离的情况下能够及时知道车的状态,以及采取相应措施达到防盗目的,和普通单向防盗报警器相比具有明显的优势。双向防盗相比单向防盗具有以下优势:在嘈杂环境中双向防盗报警器能够知道车的状态;在看不到车的情况下,双向防盗报警器能够监测到车的状态;在大多数情况下,双向防盗报警器能够监视到车的状态。

普通型防盗报警器的红、黑两条供电线分别接在电源锁之前的蓄电池正、负引线即可。断电型防盗报警器除接好红、黑两条供电线之外,还要将转把红色5 V线断开,接在转把的5 V供电线上,如果防盗报警器发出报警声,内部电路断开转把5 V供电,从而起防盗作用。

2.防盗报警器的接线方法

(1)普通型防盗报警器的接线方法

将防盗报警器主机的正极(红线)、负极(黑线)分别接到蓄电池的正、负极上(电源锁之前),切勿接反,否则会烧坏防盗报警器。另一条是天线,不需要接。普通型防盗报警器的接线方法如图7-24所示。

（2）断电型防盗报警器的接线方法

断电型防盗报警器首先除按普通型的接法接好红、黑两条供电线之外，还要将转把的红色5 V线断开，接在转把的5 V供电线上，如果防盗报警器发出报警声，则内部电路可切断转把5 V供电，从而起防盗作用。断电型防盗报警器的接线方法如图7-25所示。

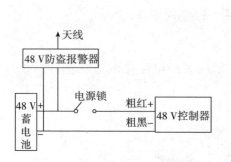

图7-24　普通型防盗报警器的接线方法

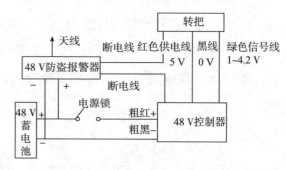

图7-25　断电型防盗报警器的接线方法

（3）锁电动机型防盗报警器的接线方法

锁电动机型防盗报警器与防盗型控制器结合使用，当报警器处于报警状态时，防盗器能锁死电动机，使电动自行车无法骑行。锁电动机型防盗报警器的接线方法如图7-26所示。

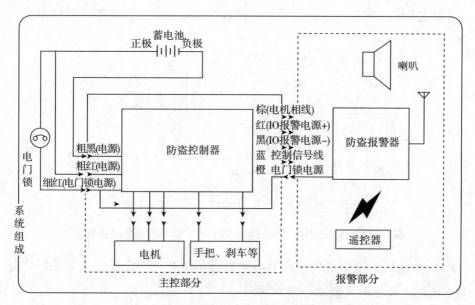

图7-26　锁电动机型防盗报警器的接线方法

3. 防盗报警器使用注意事项

（1）当发现遥控距离减短或遥控器指示灯变暗时，请及时更换遥控器内的电池，并注意区分正、负极。

（2）遥控器属精密制造，请勿重摔并防止雨淋。

（3）安装时尽量将天线拉直，并避免金属盖住天线。

（4）严格按照防盗报警器的工作电压使用，以免损坏。

【技术指导】

①48 V有刷电动自行车发光二极管式显示仪表的电路接线方法如图7-27所示。

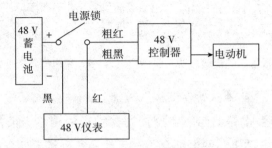

图7-27　48 V有刷电动自行车发光二极管式显示仪表的电路接线方法

②48 V无刷电动自行车指针式显示仪表的电路接线方法如图7-28所示。

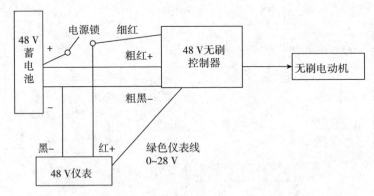

图7-28　48 V无刷电动自行车指针式显示仪表的电路接线方法

客/货运电动三轮车电气线路与电动自行车既有相同之处，也有不同之处。客/货运电动三轮车电气原理如图7-29所示。

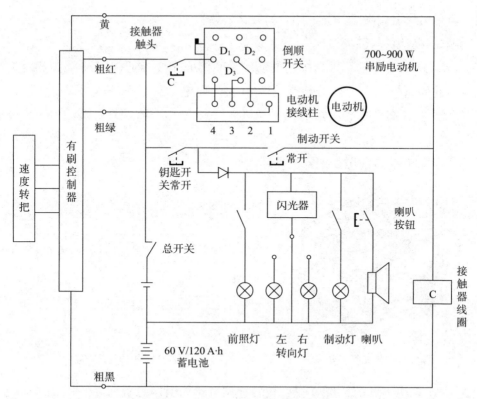

图7-29　客/货运电动三轮车电气原理

（1）闸把开关

客/货运电动三轮车刹车开关串联在接触器的吸合线圈，当刹车时，切断接触器的吸合线圈供电，接触器常开触点断开，有刷控制器与电动机断电，起刹车断电作用。客/货运电动三轮车后刹一般采用脚刹，有的还安装有手刹，这样刹车制动效果好。

（2）电源供电

客/货运电动三轮车蓄电池容量大，工作时电流大，使用的串联导线线径较粗，通过大电流时不至于损坏。

客/货运电动三轮车仪表盘、前照灯、转向灯和喇叭等其他辅助电路由一个12 V蓄电池供电，这与电动自行车不同，电动自行车其他辅助电路供电是由整车电源（36 V或48 V）供电，并且没有接触器。

另外，客/货运电动三轮车转向灯串联的闪光器，又叫继电器，目前使用的大多为电子蜂鸣闪光器。选用时注意电压，常见的型号有12 V、36 V、48 V。闪光器上标有"B"和"L"字样，"B"为进，"L"为出。如果接错，闪光器不发声。它实际上相当于开关，闭合时发声，断开时不发声。

（3）电动机与转动方向

客/货运电动三轮车采用串励电动机，其倒/顺转需要改变转子线圈和定子激磁线圈的串联极性，所以安装有倒/顺开关，而电动自行车采用永磁电动机，没有倒/顺开关，需要反转时需对调电动机的两条引线。倒/顺开关实质是一个开关电器，它由手柄操作，手柄有3个位置，即停、顺、倒。倒/顺开关结构如图7-30所示。倒/顺开关接线图如图7-31所示。

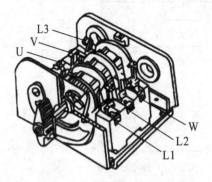

图7-30　倒/顺开关结构

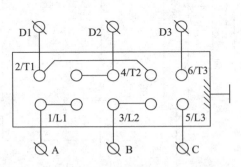

图7-31　倒/顺开关接线图

（4）客/货运电动三轮车正、反转控制电路如图7-32所示。

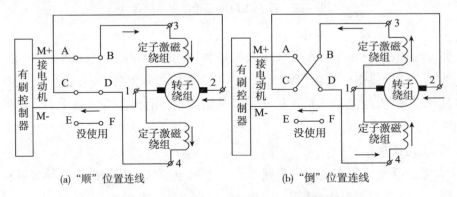

(a)"顺"位置连线　　　　　　(b)"倒"位置连线

图7-32　客/货运电动三轮车正、反转控制电路

第二节　电气仪表的维护

一、电气线路的维护

日常应经常检查各线路是否有磨损、破皮、接地问题，一旦磨破应及时用绝

缘布包裹，并将它们绑扎牢固，行车中不发生任何摆动和碰撞。

电气线路连接一般是可靠的，但在使用中不可避免地会出现不应有的故障，主要表现在以下几个方面：

（1）防水防尘性能差。

（2）不精密、容易松旷。

（3）插接件内的焊片材质不好，制作的规格不标准，插接后不牢固，自锁力差，容易松动、脱落或接触不良。

（4）质量差的插接件使用时间一长，内部的焊片会串动移动，不能很好地接触，形成断路或时通时断。应检查并保持电池电能输出的接触端清洁，检查引线接口的接触是否良好，并测试其接口的插拔力度，避免因接触不良引发电气故障或使电池的效率降低等。

检查电路和接插件。首先应检查电池箱的电器插头，检查其极性座是否出现摇动现象，电源锁开关是否灵活，在停车或推行时将电源锁开关关闭。其次应检查电池箱有没有锁好，喇叭及灯光按钮是否能发挥其本身的作用，灯泡是否良好等。

二、电气仪表的维护

1. 仪表板的拆装

（1）一般件的拆装

拆装前要注意各引线的颜色与位置，了解各引线的功能。先将搭铁线拆除。大部分仪表电路集成了喇叭、转向和蜂鸣电路，也有的仪表具有各种灯具的过渡电路。这些电路的电压一般就是蓄电池的24 V或36 V电压，但是仪表的显示电路的电压一般在15 V以下。连接各种引线时，应将各开关全部拨至"关"的位置。用万用表的电压挡测+36 V线、+15 V线、+12 V线和地线，测得没有短路现象以后，才能装上蓄电池。

（2）拆卸集成电路

在拆卸集成电路时，需用酒精灯灯焰外焰或防静电的电烙铁将印制电路板上的集成电路引脚焊盘加热，并快速均匀地移动印制电路板，至所有焊盘的焊锡熔化为止，再用镊子从印制电路板上取下集成电路。同时，在焊接过程中，焊孔内的焊锡要清除干净，集成电路应插好，并用接地良好的电烙铁迅速焊接好各引脚，且应注意其速度要快，以免焊接时间过长，使局部温度过高，而使电路或焊盘受损。

（3）拆卸大功率器件

拆卸大功率器件时，应先剪断MOS管或三端稳压管的引脚，再分别将它们的引脚焊下，避免损坏印制电路板的焊盘。

2. 集成电路和功率器件的焊接

进行焊接时，应先清洁焊盘，并去掉多余焊锡，使焊盘孔外露；再将集成电路和功率器件插进其相应的位置，并用30 W以下的电烙铁对元器件引脚和相应焊盘进行焊接，并且焊接时应一次性焊接好；电烙铁不能在某一引脚上停留太长时间，以免热量传到元件内部而损坏元件内部电路。

三、电气仪表的检测

1. 快速判断仪表盘电路好坏的方法

电动自行车仪表盘电路是一种开放式电路，通常集成了多种电路，包括灯具、喇叭、转向等电路。若仪表盘出现故障，应检测仪表是否短路；灯座是否短路；线缆是否破损短路等。

判断此类仪表是否损坏，可用万用表直流50 V挡，检测仪表正、负极电压是否正常（应与蓄电池电压一致），如果测得有输入正常电压，则说明仪表盘已损坏。

小提示

造成仪表盘上正、负极引线间无电压，主要是因插接件接触不良或引线断路所致，维修时重新插接好插接件或更换引线即可排除故障。

若检测供电电压正常，而仪表盘显示异常，则表明仪表盘本身存在故障，需要进行更换。

2. 快速判断采用LED数码管仪表盘好坏的方法

电动自行车中有些仪表显示屏采用数码管来显示行车信息或电耗情况，如图7-33所示。图中红线接电源正极，黑线接电源负极，绿线接钥匙开关（电门锁），调节按钮用来重新设置或调节用。因红线和绿线直接接在电源上，所以当关上钥匙开关后，显示屏也不会清零。

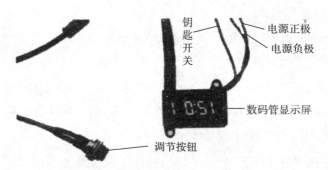

钥匙开关

电源正极

电源负极

数码管显示屏

调节按钮

图7-33　数码管外形实物结构图

当电动自行车显示仪表不能正常显示时，有可能是数码管损坏，可使用如下方法进行检测。

（1）直接观察法

观察LED数码管外部颜色是否均匀，有无局部变色现象；若无，应拆下进一步检查外观是否变形；引线是否有折断、开焊等现象。若有上述异常现象，则说明该数码管已损坏。

（2）干蓄电池检测法

LED数码管分共阳极和共阴极，现以共阳极为例介绍其检测方法。如图7-34所示，将两节1.5 V或1.2 V的干蓄电池串联后，将正极引出线与LED数码管的公共阳极（红线）相接，另一条引出线（绿线）接触到某一笔段的驱动端时，正常时就有显示，若某一笔段不能显示，则说明该LED数码管存在"断笔"故障；若某一笔段连在一起发光，则说明该LED数码管有"连笔"故障。

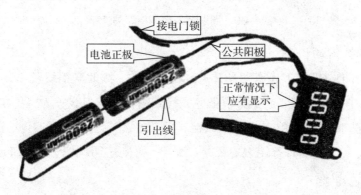

接电门锁

电池正极

公共阳极

正常情况下应有显示

引出线

图7-34　检测数码管操作方法示意图

对共阴极数码管的检测，其原理一样，只需将干蓄电池正、负极引线对调即可。

3. 前照灯的在路检测

照明开关有5条引线，可运用测量的方法确定。

（1）分解把座后可观察到照明开关上有6个焊点并有引线相连，其中有2个焊点上的引线都是黄色线，说明这2条黄色线是接在一起输出的，表明照明开关有5种功能不同的线，按颜色区分为黄、黑/红、蓝/白、灰、深蓝色。

（2）选择万用表的200 Ω电阻挡。

（3）把照明开关拨向"点"位置，用万用表测量发现，只有黄线和黑/红线相通。

（4）把照明开关拨向"双灯"位置，用万用表测量可知，只有黄线、灰线、蓝/白线相通。

（5）把照明开关拨向前照灯位置，用万用表测量可知，只有黄线、灰线、深蓝线相通。

由上述测量结果得出照明开关内部电路的连接如图7-35所示。

挡位	电源输入线	仪表照明灯线	前大灯线	变光开关电源	备用
●	○———————○				○
⊃□⊂	○—————————○—————————○				
☀	○—————————○—————————————○				
	黄	灰	蓝/白	深蓝	黑/红

图7-35 照明开关内部电路的连接

4. 喇叭电路的检测

（1）由于左把座上还有变光开关、转向开关，因此其引线较多，喇叭开关的引线难以从中分辨出来，于是分解把座，找到喇叭开关引线（为黑色和棕色）。

（2）选取数字万用表的200 Ω挡，将黑、红笔分别接在喇叭开关内部的2个接线焊点上，正常时万用表应显示"1"，否则表明喇叭开关内部弹簧弹力过小，应修理或更换。

（3）将黑、红笔接在喇叭开关内部两个接线焊点上不动，按下喇叭开关，若万用表显示为"00.0"，则表示正常，否则表明喇叭开关的内部触点接触电阻值过大，应修复或更换。

5. 转向灯开关和变光开关的检测

（1）转向灯开关的检测

豪华电动自行车转向灯开关的检测技巧如下：

①由于除了转向灯开关外，喇叭开关和变光开关也在左把座上，因此转向灯开关的引线从外部根本无法分辨，只有打开把座才能看到。转向灯开关内部电路的连接如图7-36所示。

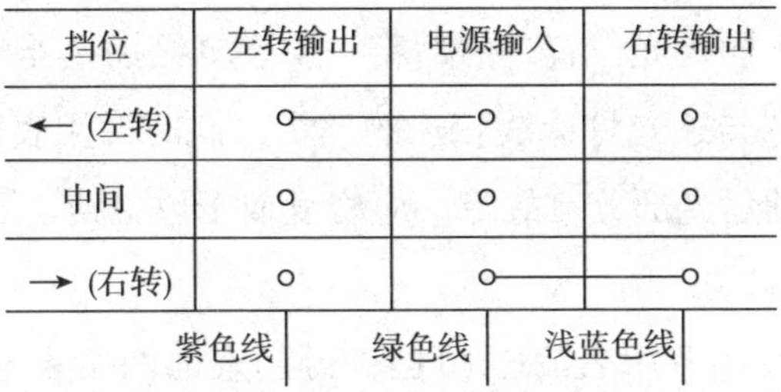

挡位	左转输出	电源输入	右转输出
← （左转）	○———	———○	○
中间	○	○	○
→ （右转）	○	○———	———○
	紫色线	绿色线	浅蓝色线

图7-36 转向灯开关内部电路的连接

②拆开左把座，可看到与转向灯开关相对呈"一"字形的3个焊点，由此判断中间的焊点所接的线为转向灯开关的输入线，其余为左侧输出线和右侧输出线。

③选用万用表200 Ω电阻挡。

④将转向灯开关拨至左转位置，然后将一支表笔接在中间焊点上，将另一支表笔分别与其余两个焊点接触。当接触左转焊点时，万用表应显示"00.0"；当接触右转焊点时，万用表应显示"1"，否则，表明转向灯开关的左转部分异常，应修理或更换。

（2）变光开关的检测

变光开关引线在不分解把座的情况下是无法分辨的。打开把座后可看到与变光开关相接3条引线，其中中间一条灰线为电源的输入线（来自照明开关），上边的粉红线为近光灯线（给前照灯内的近光灯丝供电），下边的蓝线为远光灯线（给前照灯的远光灯丝供电）。变光开关内部电路的连接如图7-37所示。

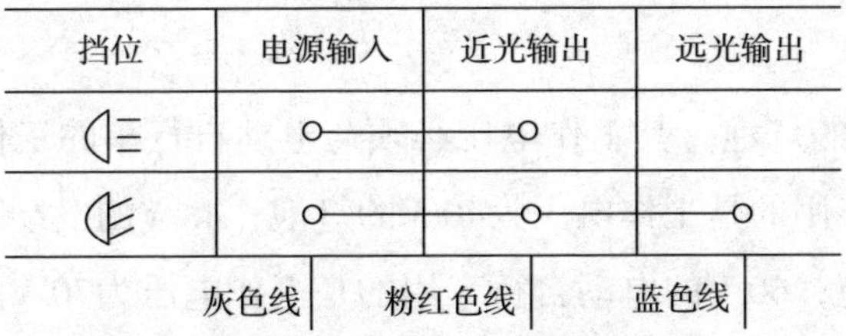

挡位	电源输入	近光输出	远光输出
⊑	○———	———○	○
⊑	○———	○	———○
	灰色线	粉红色线	蓝色线

图7-37 变光开关内部电路的连接

①由于在变光开关上不便测量焊点，故在左把座的插接器上找出变光开关的3条引线，以便检测。

②选取数字万用表的200 Ω电阻挡。

③将变光开关拨向近光位置。将万用表的一支表笔接插接器与灰线相连的插头，另一支表笔接插接器与近光灯粉红色线相连的插头，此时万用表应显示"00.0"，否则表明变光开关中的近光部分有故障，应修复或予以更换。

④将变光开关拨向远光位置，然后将一支表笔接插接器与灰线相连的插头，另一支表笔接插接器与远光灯蓝线相连的插头，此时万用表应显示"00.0"，否则表明变光开关中的远光部分有故障，应修复或予以更换。

6. 熔断器的检测

测量熔断器时可用万用表的R×1挡，万用表的两个表笔不分正、负与熔断器两端金属部分相接，正常时熔断器的阻值为零。如所测阻值为无穷大，说明被测熔断器内部断路；如所测阻值忽大忽小，不稳定，说明熔断器内部接触不良。熔断器断路或接触不良时均不能继续使用，应更换。

第三节　电气仪表的维修

一、维修电气故障应注意事项

（1）更换电动自行车熔丝管需用同样规格的熔芯，严禁用铜丝、铁丝或其他导体取代，以免不能起到保护作用，造成不必要的损失。

（2）仪表盘故障一般是因灯光或其他线路严重短路，造成烧断电路板铜箔所致。拆下前照灯，拔掉仪表线，拆下仪表盘电路板，找到断路处并用电烙铁焊接好断路点，即可排除故障。注意在焊接时，应控制好温度，以免损坏电路板上的其他元器件。若断路处面积过大，无法修复时，应更换新的仪表盘或仪表盘电路板。

（3）更换新的灯泡，其工作电压必须与电动自行车的工作电压相符。例如36 V的电动自行车用的是工作电压为40 V的灯泡；48 V的电动自行车用的是工作电压为55 V的灯泡；60 V的电动自行车用的是工作电压为70 V的灯泡。当然如果电动自行车装配了转换器就应使用与转换器相对应电压的灯泡。操作时，不仅要注意工作电压与灯泡相对应，还要分清灯泡的接口类型。前照灯、小灯、转向灯、制动灯各种灯泡的灯座所对应的灯泡接口类型，主要有单尾平脚、双尾带盘、双尾平脚、高低脚等。

（4）直流喇叭有正、负极，因此焊接新喇叭的两条引线前，应先将喇叭的两条引线接触喇叭的两个端子进行试验，待喇叭响后再固定。以免因正、负极接反，导致喇叭不响，造成错误判断。

（5）安装转换器时应注意正、负极不能接反，否则会造成再次损坏转换器。

（6）接插件虽然给维修带来方便，但缺点是容易出现接触不良和氧化故障，因此，维修检测时应特别注意。最好在维修完接插件后使用塑料胶棒粘牢固，以防止其接触不良，造成故障。

二、电气的维修

1. 转换器的维修

（1）找到转换器（通常位于后车座内），并对其表面进行清洁。

（2）拧下转换器的熔断器，检查其是否损坏。

（3）若熔断器正常，则打开电源锁，用万用表检测转换器输入电压是否正常（即红色电源进线与黑色地线之间的电压是否与蓄电池组电压一致）。

（4）若测得转换器输入电压正常，则用万用表检测转换器输出电压是否正常（即黄色输出线与黑色地线之间的电压是否为12 V）；若不为12 V电压，则说明转换器损坏，应予以更换。

2. 喇叭的维修

（1）喇叭声音小

打开电源锁，用小号螺钉旋具调整喇叭后面的调整螺钉，使声音正常为止。若调整后，声音仍然很小，则说明喇叭损坏，应予以更换。

（2）喇叭无声

在按下喇叭开关的同时，用万用表测量喇叭的两个接线端子电压是否正常；若有电压，则说明喇叭损坏，应予以更换；若无电压，则应在按下喇叭开关的同时，用万用表蜂鸣挡检查喇叭开关是否导通。若导通，则说明喇叭开关正常。应进一步检查喇叭线路是否损坏或断路，即拆下喇叭开关，拔下喇叭插件，仍旧用万用表的蜂鸣挡检查该线路是否导通；若不导通，则说明喇叭线路损坏。更换即可排除故障。

【技术指导】

直流喇叭有正、负极，应注意极性，以免因正、负极接反，造成喇叭不响。

电动自行车喇叭按工作电压可分为12 V、36 V、48 V三种；按材质可分为铁喇叭和塑料喇叭两种，其中铁喇叭比塑料喇叭的声音更大些。

3. 灯具的维修

（1）打开电源锁，打开组合开关，对整车灯具进行试验，检查损坏的灯具。

（2）若发现某个灯具有故障，则打开其外壳，对某个灯泡、灯座、线路、开关进行检查。具体用万用表测量灯具的两个正、负极电压是否正常（应与蓄电池电压一致，但若有转换器，则电压应为12 V）；按动灯具开关，用万用表蜂鸣挡测量灯具开关的两条引线是否导通等。

（3）若为仪表盘内灯具有故障，则应使用螺钉旋具打开前面板，使用万用表对上面的灯泡、灯座、线路等进行检查。

（4）若测得灯泡损坏，则应更换相同电压和功率的灯泡；若测得开关两条引线不导通，则检查开关到灯泡的电线是否存在故障；若电线正常，则说明灯具开关损坏，应更换新的、相同型号的灯具开关。

（5）取下旧灯泡开关，将新开关安装，并接好连线，用胶带封好。

（6）打开电源锁，打开灯泡开关，对灯具进行试验。若故障排除，则应恢复好灯泡外壳前面板。

【技术指导】

电动自行车灯具和仪表部分一般直接由蓄电池供电，即只要打开电源锁，灯具和仪表部分就通电工作。有一部分电动自行车采用转换器，它把蓄电池电压转换成12 V电压来驱动灯具仪表等电器工作。

4. 闪光器的维修

闪光器串接于转向开关和转向灯泡之间，主要提供给左、右转向灯间断电压，以便能使转向灯泡闪烁。其闪烁频率为每分钟80~120次，安装时，一般串联在供电电源的回路中。

闪光器给转向灯泡提供间断电压，若转向灯不亮或不闪时，可将闪光器输入与输出线短接，如果短接后恢复正常，表明闪光器损坏，应更换新件。

选用闪光器时，必须根据电动自行车的工作电压大小而选择不同电压的闪光器，一般有12 V、24 V、36 V及48 V闪光器。

【技术指导】

闪光器的外壳引脚标注B表示进线端，L表示出线端，接线时注意不要接错。若转向灯不亮或不闪烁，可将闪光器输入与输出线短接；若短接后能正常闪烁，则说明该闪光器损坏，应予以更换。

5. 电路的维修

电动自行车电路的故障，一般是断路或短路（或几条线烧损短路粘在一起）。电气线路应经常检查各线路是否有磨损、破皮、接地等问题，一旦磨破应及时用绝缘布包裹，并将它们绑扎牢固，使行车中不发生任何摆动和碰撞。

（1）首先应检查蓄电池箱的电器插头，检查其极性座是否出现摇动现象，电源锁是否灵活，在停车或推行时将电源锁关闭。其次应检查蓄电池箱有没有锁好，喇叭及灯光按钮是否能发挥其本身的作用，灯泡是否良好等。

（2）检查电路和接插件。质量差的插接件使用时间一长，内部的焊片会移动，不能很好地接触，形成断路或通通断断。

插接件防水防尘性能差，不精密、容易松旷，插接件内的焊片材质不好，制作的规格不标准，插接后不牢固，自锁力差，容易松动、脱落或接触不良。

（3）应检查并保持蓄电池电能输出的接触端清洁，并检查引线接口的接触是否良好，测试其接口的插拔力度，避免因接触不良引发电气故障或使蓄电池的效率降低。

【技术指导】

电动自行车整车电路故障的维修方法：

①首先应分析电路的性质和特点。

②确定检测点。

③测试其电流和电压，将故障范围锁定后，再沿线路逐级查找。

6. 继电器和转换器的维修

（1）打开电源锁，继电器若能发出轻微的声音，则说明继电器是好的；若没有声音，则说明继电器已损坏，应更换继电器。

（2）打开电源后若喇叭不响，前照灯不亮，转向灯也不亮，则说明转换器已损坏，或灯泡烧毁，或线路有故障。如单独出现喇叭不响，或前照灯不亮，则要检查线路是否接触良好。

7. 电源指示灯不亮的维修

正常情况下当打开电门锁时，电源指示灯应亮。若不亮，则说明蓄电池或线路存在故障。应对以下部位进行检查修复：

（1）使用万用表测量蓄电池的输出端电压，正常时应为标称电压（即24 V或36 V），若无，则说明蓄电池已损坏，应予以更换。

（2）检查蓄电池插座下面的熔丝是否熔断，若熔断，则应更换同规格的熔丝。

（3）若检查上述部位都无异常，则应进一步检查电缆插头与插座之间是否接触良好。拔下插头，对污物严重的接插件应进行清理后重新插牢即可。实际维修中故障常常就这样轻易被排除。

8. 前照灯不亮的维修

电动自行车前照灯通常是由操纵部分（前照灯开关）控制供电的。当前照灯不亮时，应按以下步骤进行维修操作：

（1）首先取下灯泡，检查是否烧坏，如烧坏，应更换。

（2）若灯泡正常，则应检查灯座是否因氧化而造成接触不良。若接触不良，则应用砂纸打磨灯座触点。

（3）若仍不亮，应检查灯座焊点是否脱落及连接线是否断裂，若连接线断裂，则应进行重焊。

（4）若检查以上部位都无异常，则应用万用表测量把座的前照灯开关是否有电压输出。若无电压输出，则说明把座开关已损坏，更换后即可排除故障。

9. 后尾灯不亮的维修

造成后尾灯不亮的原因主要有灯泡、灯座或灯线有问题，断电开关接插头脱落，控制器插头负极线脱落，控制器损坏及电源开关损坏几种情况。电动自行车在行驶时若后尾灯不亮，将会给安全行车留下隐患，应及时进行检查，快速修复，具体操作步骤如下：

（1）取下灯泡进行观察，若灯丝断，则应更换新灯泡。若灯泡正常，再检查灯座是否接触不良、灯线焊点是否脱落。若灯座锈蚀，应用砂纸打磨干净，使其能接触良好。若灯丝焊点脱落，则应拆下重焊。

（2）检查断电开关接插头是否脱落，若是，只需将插头重新插紧即可。

（3）检查控制器插头负极线是否脱落，若发现脱落或接触不良，则应进行修复。

（4）开关锁为三线的电源开关，其黄色线为制动灯线。维修时，应用万用表检测黄色线有无电压输出。若测得无电压输出，应修复或更换电门锁。

（5）电动自行车的前小灯与后尾灯一般为同一开关控制，所以当前小灯损坏时也会使后尾灯不亮，应用万用表对控制开关进行检测，若有损坏，应予以更换。

三、仪表板的代换

电动自行车使用的仪表板都有蓄电池电压显示，而且一般都和转把与闸把等控制信号分离。因此，在应急情况下，只要检测出仪表电路的电源正、负极蓄电池接线以及+15 V、+12 V、+5 V地线，并将这些线对应接好，即可代换使用。

第四节　电气仪表故障的诊断与排除

电动自行车的故障主要有蓄电池、电动机、控制器、线路、充电器和车体故障。故障现象有车不启动、运行无力、续驶能力降低、速度不能调节、车速过快、声音异常等。而且大都是电气传动系统的线路和元器件故障。

可以利用仪表检查各元器件及线路输入、输出端的通断和电压，控制器需用专用的诊断仪来检测内部的故障。

电动自行车不能启动，显示仪表没有显示，大多是电源锁没有打开，蓄电池接触片接触不良，导线的问题是插接件接触不好或脱离等。如果上述元器件均正常，说明四大部分（电动机、控制器、蓄电池及充电器）有故障。其中以蓄电池故障为第一位，其次是控制器，然后是电动机和充电器。

1. 蓄电池

主要是电力不足，其原因是没有充电、充电不足、蓄电池衰老导致容量下降、充电器不能正常充电等。是否正常充电，可以通过充电试验判断。

2. 电源锁

打开电源锁，用万用表欧姆挡检测一下电源锁的输入端与输出端之间的电阻。如电阻值为零则正常，如电阻值为无穷大，说明电源锁损坏，应更换电源锁。

3. 控制器

电动机工作失常或根本不运转。除上述问题外，还有调速不灵、无刷电动机缺相运转等。只有通过检测电动机和控制器才能确定故障部位。

可用万用表直流电压挡检测一下控制器输出端红色接线（接转把线的插头），如有5 V左右电压输出，则说明控制器正常；否则，说明控制器烧坏，需更换控制器。

4. 霍尔转把

用万用表直流电压挡检测一下转把输出端绿色线的输出电压。如有5.2 V电压输出，则转把正常。否则，说明转把烧坏，需更换。

5. 充电器

主要故障是不充电造成蓄电池不能正常工作。其故障是充不足电、过充、充电时间过长、充电终了不能停止等。

6. 电动机

主要故障是电动机引线断开，传感器脱落失效，绕组断线以及电刷、换向器或霍尔元件损坏等。

将电动机与控制器的连线断开，其余线均接好，慢慢转动电动机，用万用表检测霍尔线，检查信号是否有电压变化，若有一相无变化，说明电动机霍尔元件烧掉，造成缺相，则应更换。

7. 线路

主要是传输线路开路、断路，插接件松脱，制动断电开关不灵、电源线路问题等。

【技术指导】

①电动自行车转换器主要采用集成电路，对电动自行车的电器具有短路、过电流、过电压的保护作用。故障主要表现为输出电压不稳定、无输出电压、输出电压低等。可拆下转换器电路板，检查其控制芯片及外围电路是否存在元器件损坏。

②电门锁损坏，应检查电门锁内的弹簧接触片是否失去弹性、过松，导致接触不良。可拆开锁体，打开锁与钥匙相对的一端，用工具压紧弹簧片试验。此时若故障消除，则可判断电门锁损坏。

③检查蓄电池熔丝管是否正常。如熔丝管损坏会造成全车无电，如熔丝管接触不良，则会造成仪表灯时亮时灭。

一、电动自行车整车无电

电动自行车整车无电的主要原因是：①熔断器损坏；②接线插头松动；③电源锁故障。

具体维修方法如下：

（1）检查熔断丝

用万用表测量蓄电池端电压，检测是否异常。若有电压输出，则说明熔丝正常；若无电压输出，则说明熔丝已熔断，更换同规格熔丝即可。

（2）检查接线插头

检查电源锁线接插件，若松动，则应插紧或更换。

（3）检查电源锁

①用万用表检测电源锁输入、输出线两端电压，若有正常电压输出，则说明电源锁正常；若无电压输出，则说明电源锁损坏（在电池有电压输出的情况下），应予维修或更换。

②打开电源开关，用万用表检测电源锁输入端与输出端之间的电阻，如电阻值为∞，则正常；如电阻值为零，说明电源开关损坏，应更换。

③检查电源锁引线或触头引线的连接情况，若发生断路或接插件接触不良，应重新接线，调整接插件。

注意，在更换熔丝时必须用同样规格的熔丝更换，绝对不能用铜丝、铁丝等导体进行代换，否则容易烧坏电动机。

二、电动自行车打开电源锁，控制器面板电源指示灯不亮

控制器面板电源指示灯不亮的主要原因是：①电缆插头与电板插座接触不好；②电池插座下面的熔断器被烧坏；③电池组之间的电池内部连线被熔断。

具体维修方法如下：

（1）检查插头是否插紧，如果发现插头没有插紧，应将插头插紧。

（2）如果熔断器损坏，则应更换熔断器。

（3）如果电池组之间的内部连线损坏，则应重新连接。

三、电动自行车出现仪表盘上电源指示灯不亮，但电动机运转正常

出现仪表盘上电源指示灯不亮，而电动机运转正常的故障，其维修方法如下：

（1）仪表盘正、负极引线间无电压，若因接插件接触不良或引线断路，应重新插接或换线。

（2）如果只是发光管损坏，则应更换。

（3）表盘线路板上断路，则应更换仪表线路板。

四、电动自行车喇叭失控

电动自行车的喇叭有电磁喇叭和电子喇叭两种。

电子喇叭装置的工作原理是，电池电压经转换电路转换为15~24 V电压供电，振荡电路产生一定频率的40 V左右的交变电压驱动扬声器（电动自行车喇叭），扬声器采用压电蜂鸣片，经音膜及谐振腔发出洪亮的声音。

（1）电磁喇叭失控的主要原因是：①喇叭损坏；②喇叭开关损坏；③连接线或接插件短路。

具体维修方法如下：

按下喇叭开关后用万用表电压挡检测喇叭连线两端电压，若电压正常，说明喇叭损坏；若无电压，说明喇叭开关损坏或导线断路。

将喇叭开关两线短接试验，如果喇叭响，说明开关损坏，则应更换开关；如果喇叭仍不响，则说明喇叭损坏，应更换喇叭。

（2）电子喇叭失控的维修：首先检查喇叭开关，若开关损坏则应更换；若喇叭开关正常，说明振荡器损坏，应更换振荡器；若喇叭或接线错误，如电子喇叭正、负极反接，则应重新接线。

五、电动自行车转向灯不亮

电动自行车转向灯不亮故障的主要原因是：①闪光器损坏；②转向灯开关损坏；③导线或接插件短路。

具体维修方法如下：

如果左右转向灯同时不亮，说明闪光器损坏，则应更换闪光器（在闪光器有电源正常的情况下）；若左转向灯不亮而右转向灯亮或右转向灯不亮而左转向灯亮，则说明闪光器完好，应检查转向开关和灯泡。

可用跨接线短接转向开关，如果转向灯闪亮，说明开关损坏，应更换转向开关；如果跨接后，转向灯仍不闪亮，则说明转向灯已损坏，应更换灯泡。

六、电动自行车里程、速度表指示不准

电动自行车里程、速度表指示不准确时，可用万用表的200 MΩ挡检测与霍尔器件连接的两条导线的端点，若正向电阻值为1.7 MΩ，反向（表笔换过来）电阻值为0.029 MΩ，说明霍尔器件受潮，阻抗变低。应用台灯烘烤霍尔器件2小时后再检测，正、反向电阻值都应大于200 MΩ（200 MΩ挡）。

与霍尔器件连接的两条导线防水处理不好，下雨天雨水顺导线的根部渗入，使器件阻抗降低，电信号幅度不足，不能正常触发计数器，使显示不准。

防止霍尔器件受潮的方法是用防水密封胶将导线根部封死。

第五节　电气仪表故障维修实例

一、安琪尔电动自行车行驶过程中喇叭不响

1. 故障现象

一辆安琪尔电动自行车在正常行驶过程中，按动喇叭按钮，没有任何反应，但是其他功能均正常。

2. 故障诊断与排除

该电动自行车喇叭不响，但其他功能正常，说明故障发生在与喇叭直接相关的部件。电动自行车整机电路图如图7-38所示。

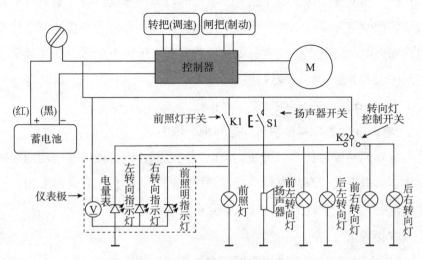

图7-38　电动自行车整机电路图

根据电路图可知，电动自行车喇叭由蓄电池直接供电并由按钮开关S1控制，因此，当电动自行车的喇叭不出声时，首先检查蓄电池的电量是否充足，根据故障现象得知电动自行车能正常行驶，说明其蓄电池供电正常，初步确定故障在喇叭开关和喇叭本身上。

用万用表检测喇叭开关在按下时电阻值。经检测，当按下喇叭的开关后，其两引线之间的电阻值为零，表明喇叭开关本身正常。怀疑故障在喇叭本身。

将电动自行车的喇叭更换后，开通电源锁，按下喇叭开关，喇叭有声音，故障排除。

【技术指导】

由于电动自行车喇叭的电路比较简单，在维修时，应重点检测喇叭按钮开关和喇叭本身是否出现故障。

二、新日有刷电动自行车前照灯及喇叭均正常，但巡航功能失常

1. 故障现象

一辆新日有刷电动自行车在行驶中按下巡航功能钮后，无法定速。

2. 故障诊断与排除

目前，大多数电动自行车都带有巡航功能，巡航功能控制按钮安装在转把上，当骑行时达到一定速度，并且想在该速度下匀速骑行时，可按下转把上的巡航控制按钮，即使握住转把的手松开，也能够以当前速度行驶，直到按下刹车或再次旋动转把时解除巡航功能。当按下巡航功能控制按钮无法定速时，可根据故障现象得知，电动自行车能正常行驶，说明其蓄电池供电正常，初步确定故障在巡航控制按钮和巡航功能引线或连接插件上。

（1）找到转把内的巡航功能控制按钮。

（2）将巡航功能控制按钮从调速转把卡槽中取出。

将巡航功能控制按钮两引脚短接可以锁定当前速度，说明巡航功能控制按钮内部损坏。将电动自行车的巡航功能控制按钮进行更换后，开通电源锁，电动自行车正常行驶，可以实现定速，故障排除。

【技术指导】

有些电动自行车转把上未设置巡航控制按钮，该类电动自行车一般具有自动

巡航功能，即当旋动调速手柄至一定速度后，保持该速度30秒左右不变化，电动自行车便自动锁定以当前速度行驶，即使松开转把手柄也能保持住，直到捏下闸把断电或再次旋动转把调整速度时解除锁定。

三、飞科电动自行车转向灯不闪烁

1. 故障现象

一辆飞科电动自行车在正常行驶的过程中，扳动左、右转向灯开关，显示仪表中的指示灯和转向灯均亮，但是不闪烁。

2. 故障诊断与排除

该电动自行车车灯的工作原理如图7-39所示。

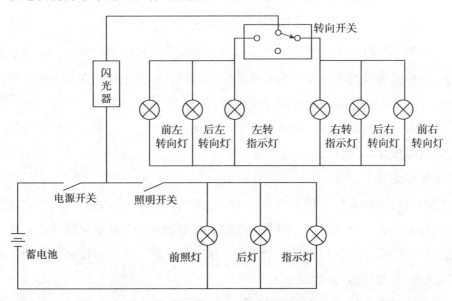

图7-39　电动自行车车灯的工作原理

根据上述故障的现象，初步分析认为是闪光器可能接反，从而导致转向灯不闪烁；若闪光器连接正确，应查看闪光器与转向灯泡是否匹配或转向开关的接触点是否良好等。

首先查看闪光器与外电路的连接是否正确，在闪光器的接线柱中，标有字母L的接线柱应与转向灯相连接，标有字母B的接线柱应与蓄电池相连接，若其连接线接反，会引起转向灯亮但不闪烁的故障。在连接正确的情况下，查看转向灯的规格是否和电动自行车相符，在其型号也匹配的情况下，应以替换法查看闪光器自身是否有损坏。

（1）检测闪光器与外电路的连接是否正确。

经检测，闪光器与外电路的连接正确，应进一步检测蓄电池的电量是否过低，蓄电池的电量过低时，也会使转向灯不能闪烁。

（2）通过显示仪表的显示判断蓄电池的电量，如图7-40所示。

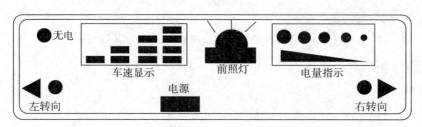

图7-40　通过显示仪表的显示判断蓄电池的电量

经检测，蓄电池的电量正常。应再对闪光器是否损坏进行判断，可以采用替换法，以相同型号的闪光器替换现有的闪光器后，再次扳动转向开关，若还是不闪烁，可以采取更换灯泡的方法排除故障。

将烧毁的灯泡替换后，开通电源锁，电动自行车正常行驶，并且转向灯正常闪烁，故障排除。

【技术指导】

电动自行车的车灯电路主要采用并联方式进行连接，并通过照明开关按钮以及左右转向开关进行控制。在照明电路中，当电动自行车接通电源后，其电压到达照明开关按钮，一旦行驶时按下开关，使整个电路形成闭合回路，从而使前、后灯点亮，实现照明功效。

在指示灯电路中，一旦电源接通，其电压将被送到闪光器和三位开关上，此时，该开关将根据行车人的相关操作，实现左、右指示灯的功能。当打开左指示灯开关时，使其左侧指示灯闭合形成回路，从而使左指示灯点亮；而当左、右转向开关处于中间挡时，则使三位开关处于断开状态，电路开路，从而关闭指示灯。

四、宝岛电动自行车两侧转向灯闪光强弱不一致

1.故障现象

一辆宝岛电动自行车在行驶的过程中，打开左、右两侧转向灯开关发现，

左、右两侧转向灯的闪光强弱不一致。

2. 故障诊断与排除

经分析认为，该电动自行车两侧转向灯闪光强弱不一致的故障原因如下：

（1）转向开关内部有故障，导致两侧转向灯电路触点电阻大小不同，从而使流过闪光器内的电流发生变化，造成转向灯左、右闪烁不一致。

（2）左、右两侧转向灯功率不同，若一侧转向灯的总功率大于另一侧或另一侧有烧坏的转向灯泡，都会造成两侧电阻不相等，导致转向灯左、右闪烁光强弱不一致。灯泡总功率大的一侧转向灯闪光频率过快，否则频率慢，灯泡损坏的一侧，转向灯的闪光频率也就慢了下来。

（3）若某侧的转向灯电路在连接过程中某处有松动或生锈，将会导致一侧电路的总电阻增大，或左、右两侧转向灯闪光频率不一致，总电阻较大的一侧转向灯的闪光频率较慢。

具体维修方法如下：

（1）检测转向开关是否正常。经检测，转向开关正常，应进一步对灯泡进行检测。

（2）检查左右转向灯泡，排查故障。经检查，左、右转向灯泡的标称值不相同，应更换标称值相同的灯泡。检查闪光频率较慢一侧的转向电路，重新连接线缆，清除污物和锈迹部分，故障排除。

五、电动自行车喇叭声音嘶哑

1. 故障现象

一辆电动自行车的喇叭声音出现异常，有声音，但声音嘶哑且断续。

2. 故障诊断与排除

该电动自行车喇叭能够发音，说明按下按钮可以接通电源，但声音继续且嘶哑，可能的原因主要有：喇叭本身有故障；喇叭连接线路存在接触不良或松动的故障；喇叭控制按钮接触不良。

（1）首先用同型号的喇叭进行替换，经通电检查，也不能正常发出声音，表明该故障并不是由喇叭本身故障引起的。

（2）拆开电动自行车左侧的手柄（喇叭开关一般都安装在电动自行车的左

侧车把手柄上），用一条导线短接喇叭控制按钮引脚。接通电源后，喇叭声音仍然异常，说明控制按钮正常。

（3）检查喇叭引线及接插件。将电动自行车仪表盘部分外罩打开，顺喇叭引线检查其有无破损或插接件脱落的部分。

（4）将破损部分绝缘外皮剥开，发现引线破损，出现接触不良的故障，将引线重新连接后进行绝缘处理，故障排除。

【技术指导】

有些喇叭上有可调音量和音质的调整螺钉。若喇叭不响或声音异常时，应首先通过调整螺钉对音量和音质进行调整，若仍不能排除故障，再检查线路、控制按钮及喇叭本身。

六、爱玛电动自行车（通用型）在平坦路面能正常行驶，但在颠簸路面，电动机就不运转，行驶速度指示灯不亮，其他灯均亮

1. 故障现象

一辆爱玛电动自行车（通用型）在平坦路面能正常行驶，但在颠簸路面，电动机就不运转，行驶速度指示灯不亮，其他灯均亮。

2. 故障诊断与排除

（1）首先更换调速转把，故障依旧。

（2）接着检查控制器与电动机各引线插件，均正常。

（3）再检查蓄电池、控制器和电动机，均正常。

（4）再检查闸把发现，闸把老化，内部弹簧失去弹力，造成闸把与调速转把之间的小突起按钮无法正常关合，从而造成颠簸路面上行驶时电动机无电停转。

（5）更换一个相同型号的闸把后，故障排除。

七、澳柯玛无刷电动自行车（通用型）不调速

1. 故障现象

一辆澳柯玛无刷电动自行车（通用型）不调速。

2. 故障诊断与排除

（1）检查仪表与控制器调速线或插件是否正常。

（2）检查仪表是否损坏。

（3）检查控制器是否损坏。

经检查发现，仪表损坏。更换一个相同型号的仪表后，故障排除。

小提示

把调速线从仪表上拔出，直接和电缆线中的调速线连接，若调速，则说明仪表损坏，应予以更换。

八、大陆鸽电动自行车（通用型）制动效果差，只有同时握紧左右制动把才能使车辆减速至停止

1. 故障现象

一辆大陆鸽电动自行车（通用型）制动效果差，只有同时握紧左右制动把才能使车辆减速至停止。

2. 故障诊断与排除

（1）首先检查前、后轮制动是否磨损严重，若前、后轮制动块磨损正常，则检查制动块与轮毂之间距离是否太大。

（2）若制动块与轮毂之间的距离正常，则应检查制动把是否正常。

经检查发现，制动把损坏，从而出现上述故障。更换一个同型号的制动把，故障排除。

【技术指导】

电动自行车能减速和制动，说明制动控制功能正常，应重点检查制动把电路。试轻按一下左制动把开关，若按不通，则表明此制动把电路损坏，而此时完全靠右制动把开关起作用。应采用两个质量可靠、带有过度按动机构的微动开关进行更换。

九、立马电动自行车（通用型）骑行速度慢，不能提速

1. 故障现象

一辆立马电动自行车（通用型）骑行速度慢，不能提速。

2. 故障诊断与排除

先检查调速转把。换用一个新的同类型调速转把试验后故障不变，从而说明调速转把损坏。

更换一个新的同类型调速转把，故障排除。

【技术指导】

判断调速转把是否损坏，可把调速转把旋至最大角度，同时用万用表电压挡检测调速转把调速信号线（绿线）电压，若测得电压很小（正常时应为5~2 V），则可判断调速转把有可能已损坏。

十、绿源电动自行车（通用型）电动机转动不停

1. 故障现象

一辆绿源电动自行车（通用型）电动机转动不停。

2. 故障诊断与排除

（1）首先关闭熄火开关，然后打开电源锁，转动调速转把，用万用表测量调速转把信号。

（2）若测出调速转把信号始终处于电动状态不变，则应拆下调速转把检查。

经检查发现，调速转把中有许多灰尘、油污和烧坏处。

更换一个新的同类型调速转把，故障排除。

【技术指导】

该车专用调速转把采用光电转换形式，还设计了紧急熄火开关，以防止"飞车"故障发生。

十一、新日电动自行车（通用型）前照灯不亮

1. 故障现象

一辆新日电动自行车（通用型）前照灯不亮。

2. 故障诊断与排除

（1）首先检查前照灯灯泡是否烧坏，若灯泡正常，则检查前照灯开关是否损坏。

（2）打开前照灯开关，用万用表电压挡检测前照灯开关与前照灯的导线电压，若测得电压与蓄电池电压相仿，则说明前照灯开关正常。

（3）检查灯座发现，前照灯灯座锈蚀或脱焊，从而出现上述故障。

更换一个新的灯座，故障排除。

十二、老年用电动三轮车仪表上无电量显示，喇叭不响，电动三轮车运行正常

1. 故障现象

该车电气是由电压为48 V的蓄电池供电。该车仪表上电源指针无显示，喇叭不响，但电动三轮车运行正常。

2. 故障诊断与排除

根据上述故障现象，经分析认为，仪表部分电路有故障；喇叭不响的故障原因可能是喇叭损坏或喇叭开关有故障。

（1）维修表头

①用十字旋具松开固定螺栓，打开前头罩。

②用手拨动电源指示针，摆动正常，判断指针正常。

③打开电源锁，用万用表直流电压挡测量电源表头有蓄电池电压50.1 V，说明表头已供电，故障在表头内部。

④用十字旋具打开表头检查，发现电源表头并联一个稳压二极管。

⑤用万用表二极管挡测量正、反向电阻都不导通，判断二极管断路。用同型号的稳压二极管进行代换，并用电烙铁焊好（焊接时注意原二极管的安装，正、负极不可装反）。

打开电源锁，电源指示表头显示正常，故障排除。

（2）维修喇叭

①打开电源锁，按动喇叭开关，用万用表直流电压挡测量喇叭供线，无电压。

②检测喇叭开关，损坏。

③更换喇叭开关后试验，喇叭仍然不响。再次按动喇叭开关，用万用表直流电压挡测量喇叭供线，无电压，说明喇叭线路有故障。

④重新从仪表上引两条蓄电池组供电正、负极线用作喇叭线，按动喇叭开关试验，喇叭仍然不响。说明喇叭有故障。

⑤将喇叭取下，串联48 V蓄电池组进行试验，喇叭仍然不响，说明喇叭已损坏。

更换一个相同电压的喇叭后，喇叭工作正常。

十三、永盛电动三轮车前照灯、转向灯均不亮，喇叭不响

1. 故障现象

一辆永盛电动三轮车前照灯、转向灯均不亮，喇叭不响。

2. 故障诊断与排除

该电动三轮车整车是以24 V蓄电池为电源。电动三轮车仪表上有电源显示，车辆行驶正常，但喇叭不响，前照灯、转向灯均不亮，说明供电电路有故障，电动三轮车前照灯、转向灯和喇叭大多由单个12 V蓄电池供电，因此，应重点检查供电线路。

（1）取下车座。

①用扳手松开固定螺母，取下车座。

②取下外罩才能进行下一步维修。

（2）供电电压检测

用万用表电压挡测量前照灯与喇叭供电线均无电压，判断供电线路有故障。

（3）检查供电线

用蜂鸣器挡检查发现，12 V供电连线与蓄电池正极断开，重新连好后，故障排除。

十四、工农电动三轮车打开电源锁，整车无电

1. 故障现象

一辆工农电动三轮车打开电源锁，整车无电。

2. 故障诊断与排除

根据上述故障现象，经分析认为，故障原因可能是电源锁或蓄电池连线有故障。

（1）检查蓄电池连线

检查蓄电池连线，正常。

（2）测量充电插头电压

用万用表直流电压挡测量充电插头有电压，但电压指示表无电压显示，说明蓄电池内连线正常。

（3）检测空气开关

打开空气开关，用万用表蜂鸣器挡测量，空气开关损坏。

更换新的空气开关后试车，故障排除。

十五、双胜电动三轮车打开电源锁，整车无电

1. 故障现象

一辆双胜电动三轮车打开电源锁，整车无电。

2. 故障诊断与排除

根据上述故障现象，经分析认为，故障原因可能是蓄电池或电源锁有故障或电源电路断开。

（1）打开前车罩，检查发现电源锁焊点与引线断开。取下旧电源锁，查看电源锁型号为大头电源锁。

（2）将同型号新的电源锁安装好，把蓄电池红色正极线接电源锁红色进线，蓄电池黑色负极线接电源锁蓝色线，用防水绝缘胶带包好。

打开电源锁试车，电动机旋转正常，故障排除。

十六、通胜货运电动三轮车打开电源锁，仪表上显示有电，电动机不转

1. 故障现象

通胜货运电动三轮车采用有刷控制器和串励电动机，打开电源锁，仪表上显示有电，电动机不转。

2. 故障诊断与排除

（1）支起后车厢，找到接触器，打开电源锁，选择万用表的直流电压挡，黑表笔接整车的黑色负极线，红表笔接接触器的红色供电线，测量有37.6 V电压，说明接触器已供电。

（2）测量接触器的粗红色电源正极输入进线有37.6 V电压，进一步测量接触器的粗红色电源正极输出线无电压，说明接触器损坏，需要换新的接触器。

（3）观察接触器的电压为36 V，用相同型号的接触器更换。

（4）更换好接触器后，打开电源锁，听到接触器的吸合声，转动转把试车，电动三轮车行驶正常，故障排除。

【技术指导】

①接触器本身就是一个开关，它的作用就是用小电流来控制大电流负载，可以远距离控制，防止误动作造成事故。货运电动三轮车采用的是直流接触器，主要作用是控制三轮车电动机电流的通断，决定电动机是否送电运行，接触器吸合，电动机即通电，接触器断开，电动机不通电，操作方便。

②货运电动三轮车用直流接触器的线圈电压有36 V、48 V、60 V等，触点电流达150 A。接触器由两部分组成：一个是线圈，它可以通过控制开关与电源并联；另一个是触点开关，它和负载串联。

接触器有四个接线端子，两个小一点儿的端子是线圈，可用万用表蜂鸣器挡测量一下，通的是线圈接线端子，线圈有一点儿电阻，但是不能开路。另两个大一点儿的接线端子为常开触点。线圈通电，触点闭合。